Linda Gerisch, Alessandro Schulze

LOS MIT DER WELTREISE

Doch erstmal ein Buch

Gefüllt mit allem, was nach einem gemeinsamen Bad

und dem Satz:

„Na dann fahren wir eben ans Meer"

begann.

WWW.ASVALENTINS.DE

INHALTSVERZEICHNIS

PROLOG

„Du hast da drin aber keine Badewanne“, sagte er. Sie lachte und entgegnete nur schmunzelnd: „Dann fahren wir eben ans Meer.“ Es gibt so viele Geschichten, die es verdienen, erzählt zu werden. Warum wir ausgerechnet unsere niederschreiben? Dafür gibt es viele Gründe. Einer davon ist die Leidenschaft zu schreiben. Es ist ein wunderbares Gefühl, Texte zu verfassen und Geschichten mit Menschen zu teilen. Ob wir eine Ahnung davon haben, wie man ein Buch mit ansprechendem Inhalt füllt? Nein, auch die haben wir nicht wirklich. Wir schreiben einfach darauf los und die Gedanken gleiten durch die Finger auf die Tastatur hindurch wie Blätter, welche der Wind gezielt tanzend und elegant von den Bäumen auf den Boden führt. Wer entscheidet überhaupt darüber, welche Geschichten lesenswert sind und welche nicht? Asaf Avidan kommt uns in den Sinn und der Poetryslam von Julia Engelmann. „Eines Tages, Baby, werden wir alt sein. Oh Baby, werden wir alt sein und an all die Geschichten denken, die wir hätten erzählen können.“ Warum der Song damals in so kurzer Zeit so stark an Popularität gewinnen konnte? Weil er in die Tiefe geht. Und ja, vielleicht hat uns auch diese Zeile inspiriert. Geschichten sind dazu da, um erzählt zu werden. Glücklicherweise bevorzugen wir alle unterschiedliche. Homogenität wäre schließlich langweilig. „Irgendwann schreibst du mal ein Buch.“, haben uns viele in unserem Umfeld bereits unabhängig voneinander gesagt. Doch worüber, wussten wir nie. Wie krass muss eine Geschichte sein, um überhaupt gelesen zu werden? Und sicherlich fragst du dich nun, was du dir hier eigentlich gerade durchliest. Wir verraten es dir, so gut wir es am Anfang von allem bereits können. Du liest eine Autobiographie gepaart mit Reiseberichten und Ausführungen unserer Lebensphilosophie. Das wahre Leben schreibt die spannendsten Geschichten, die du jemals erleben wirst. Warum nicht die Geschichten anderer Menschen genauer betrachten? Und nun fragst du dich sicher, was das Buch dir an Mehrwert für dich selbst einbringen könnte. Vielleicht schaust du hier auf die ersten Seiten, weil dich Autobiographien interessieren. Vielleicht möchtest du selbst verreisen oder hast den Trend eines Campingfahrzeugs ebenso für dich entdeckt wie wir. Wenn wir eine Sache bereits jetzt gelernt haben, dann, dass Camping weitaus mehr als nur ein Trend ist. Es ist ein Lebensgefühl und unter den richtigen Voraussetzungen kann es sogar zum Seelenfrieden verhelfen. Zu Beginn dieses Kapitels können wir noch nicht mit krassen Reiseberichten in fremde Länder dienen, doch das müssen wir auch nicht. Wir möchten dich mitnehmen in unsere Welt. Unser Abenteuer beginnt erst jetzt und es wird nie beendet, solange wir an unserem Lebensgefühl festhalten. Deswegen lehne dich zurück. Die folgenden Zeilen sind unsere ganz persönliche Message an die Welt. Lieber Leser, liebe Leserin, eine Message wollen wir mit unserem Buch auf jeden Fall rüber bringen und das ist Menschlichkeit. Wir sind genauso verletzlich und angreifbar wie du. Auch wir zweifeln das eine oder andere Mal an uns selbst und uns ist es besonders wichtig, dass du weißt, wessen Buch du hier liest, mit wem du es zu tun hast. Zwei junge Menschen, die vor allem durch eine gemeinsame Vision immer weiter wachsen. Zwei junge Menschen, deren bisherige Lebenswege unterschiedlicher nicht sein konnten und deren Wege sich trotzdem kreuzten und verbanden. Auch wir haben neben unseren Träumen unsere kleineren oder größeren Herausforderungen des Lebens zu bewältigen und auch wir standen bereits vor der einen oder anderen Herausforderung, die es uns schwer machte, an uns selbst und unsere Träume zu glauben. Wir wissen nicht, ob und wann sich all unsere Träume erfüllen und das Einzige, was wir tun können, ist aktiv darauf hinzuarbeiten. Ob du uns anhand unserer Ausführungen sympathisch findest, das musst du natürlich selbst entscheiden, doch wir möchten authentisch sein. Wir möchten dir auch unsere dunklen Gedanken näher bringen, denn auch unsere Welt ist nicht immer perfekt. Wir verstehen unsere Zeilen als eine Art Geschichte, die man auch gut einem Bekanntem am Lagerfeuer erzählen kann. Und so möchten wir unsere Lagerfeuer auflegen und dir die Möglichkeit geben, uns kennenzulernen.

Als unsere Idee, ein Buch zu schreiben, seit dem Beginn der Beziehung mit Linda immer mal wieder in den Raum geworfen wurde, dachte ich nicht im Traum daran, dass ich in den kommen 12 Monaten tatsächlich ein Buch schreiben werde.

Aber jetzt sitzen wir hier, und tun genau das.

DAS SIND WIR.

SANDRO

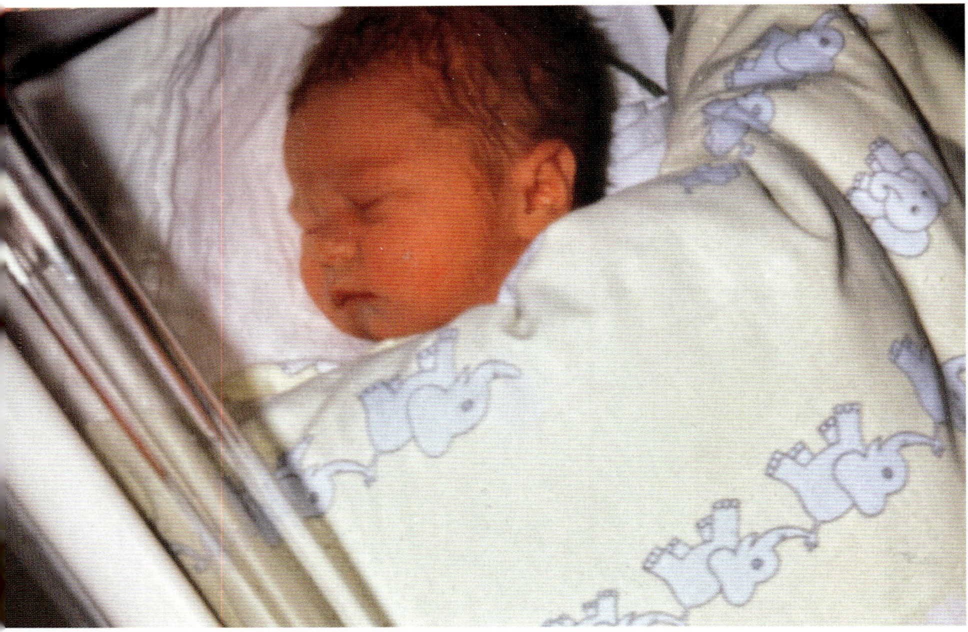

DAS IST MEINE GESCHICHTE

I.

Als ich am 19. August 1994 um 8:42 Uhr im hessischen Hünfeld das Licht der Welt erblickte, glich mein Umriss dem eines Michelin-Männchens. Zudem war meine Auswahl an Fähigkeiten stark eingeschränkt. In den folgenden Jahren lernte ich neue Dinge wie zum Beispiel meinen Mund so einzusetzen, dass ein Ton raus kam und das halbwegs stabile Aneinanderreihen meiner Schritte ohne ständig anzuecken oder umzufallen. Auch die Nahrungsaufnahme gelang mir nun nahezu selbständig und fast ohne Komplikationen. Dass ich nun auch noch laufen und sprechen konnte, gab mir einen ganz neuen Handlungsspielraum, die Welt um mich herum unsicher zu machen.

Sehr zum Nachteil meiner Mutter.

Sie räumte demnach täglich acht bis zwölf mal die Töpfe wieder in den Küchenschrank oder wischte zum 43. Mal meinen „Kagan", wie ich liebevoll meinen Kakao nannte, vom Wohnzimmerboden auf. Mit den Jahren lernte ich immer mehr dazu, wie wohl jeder.

Doch es gab hier und da ein paar Besonderheiten. Zum Einen mich selbst, denn ich war deutlich aktiver als andere Kinder in meinem Alter und damit musste man umgehen können. Zum Anderen war mein Vater sehr viel unterwegs und wir hatten wenig Zeit miteinander. Das lag nicht zuletzt daran, dass er in der Zeit, die wir miteinander hatten, wesentlich schlechter mit meiner Hyperaktivität umgehen konnte als meine Mutter und mir damit unterbewusst spürbar gemacht hat, dass ich ihm auf den Pelz gehe. Jedenfalls fühlte es sich oft so an. Umso mehr genoss ich die Zeit mit ihm. Doch das Ganze verschärfte sich, als sich meine Eltern scheiden ließen.

Aus heutiger Sicht eine nachvollziehbare Entscheidung. Aus damaliger Sicht eine Katastrophe. Mir, dem kleinen Jungen, jetzt noch klarmachen zu müssen, wo er ohnehin wenig verfügbar war, dass Papa erstmal nicht mehr wieder kommt, das war wohl eines der schwersten Dinge, die meine Mutter übers Herz bringen musste. Ich weiß heute noch, wie ich an einem Sonntagmorgen hüpfend in die Küche kam. Mama stand an der Arbeitsplatte und mein Bruder aß am Küchentisch Cornflakes.

Soweit so gut - doch da fehlte jemand. Auf meine Frage, wo Papa denn sei, bekam ich vorerst keine Antwort. Und der nichtssagenden Blick meines Bruders ergänzte die miese Stimmung auf ein Höchstmaß. Doch was hatte er denn für eine Wahl?

Er ist 5 Jahre älter als ich und konnte demnach viel mehr verstehen. Und sein Ausdruck stellte pure Ratlosigkeit dar. Er kannte ja die Antwort schon. Ich hingegen nicht. Also setzte ich mich gegenüber von ihm an den Tisch und fragte:

„Was ist denn los?“ - nach ein paar Sekunden drehte Mama sich um, das Gesicht ganz nass vor Tränen, und antwortete:

„Papa ist weg“.

In einem Horrorfilm wäre jetzt wohl ein Donnerknall eingefügt worden. Für mich fühlte es sich in dem Moment eher an als hätte mich der Blitz getroffen. Auf einmal ergab das alles einen Sinn. Papa war selten da, Papa war in der Zeit, die er mit mir verbrachte, gereizt, Papa ließ mich nicht mit schrauben, sägen, hämmern, bohren. Zu oft hatte ich ihn gefragt, was er da macht, wenn er nach der Arbeit in seine Garage verschwand und ***warum***, das Lieblingswort aller Eltern. Durfte ich ihm folgen, durfte ich auch zuschauen. Doch leider blieb es dabei, obwohl ich ihm so gern geholfen hätte. Gesehen zu werden, etwas von ihm lernen zu können, eigene Fehler machen zu dürfen, hätte ich mir damals gewünscht und dann fiel es mir wie Schuppen von den Augen. Ich muss ihm nicht gut genug sein, na klar, ich war einfach zu schlecht im Kind-Sein. Warum sonst sollte er plötzlich weg gehen?

Gut, das Ganze ist jetzt etwas überspitzt dargestellt und ich kann auch nicht sagen, wie es an diesem Tag wirklich zu 100% gewesen ist oder wie es nach diesem Szenario weiter ging, aber so ist es mir bis heute in Erinnerung geblieben. Wie ich heute dank meines Jobs, einer 2-jährigen Therapie - dazu später mehr - und viel Arbeit an mir selbst weiß, sehen Kinder ihr Umfeld und das Verhalten Anderer, insbesondere ihrer Bindungspersonen, anders. Ich bekam einfach nicht die Aufmerksamkeit, die für mich notwendig gewesen wäre, und reagierte im Verlauf meines Lebens immer

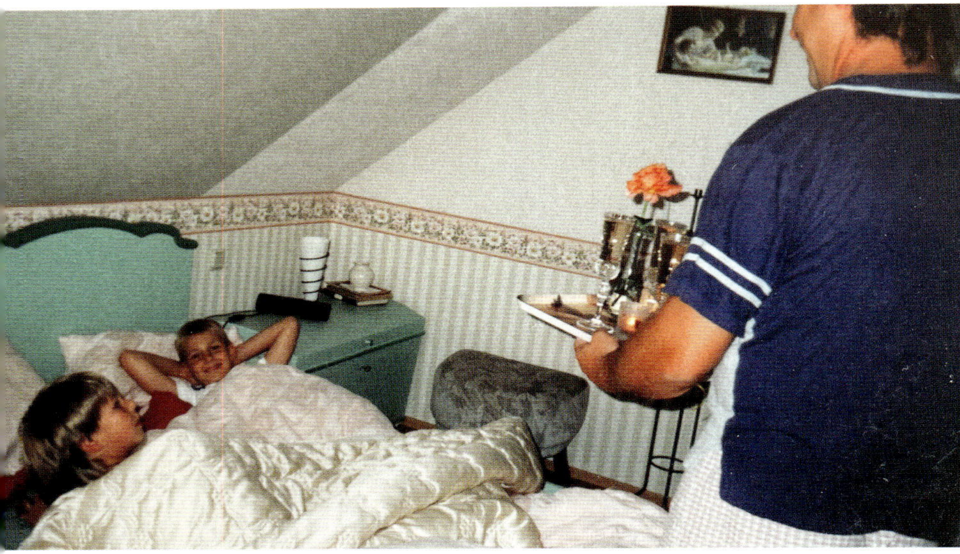

öfter verunsichert. Doch etwas Wichtiges hatte ich nicht bedacht. Mir war nicht klar, dass auch mein Bruder oder meine Mama wenig Zeit mit Papa hatten. Noch weniger war mir klar, dass mein Papa die Zeit mit mir, beziehungsweise uns schon genossen hatte, er es aber einfach nicht so gut zeigen konnte und es für ihn einfach fordernder war als für meine Mama, Zeit mit mir zu verbringen.

II.

In den folgenden Monaten kam ich in die Schule und führte jahrelang einen Kampf mit mir selbst.

An dem einen Tag war ich sauer auf Papa, er hat mich schließlich nicht mitgenommen. Am nächsten Tag war ich sauer auf meinen Bruder, denn er wohnte jetzt bei Papa. Dann war mir das Gelb des Löwenzahns zu gelb, dann das Gras zu grün. Und schließlich war ich sauer auf mich selbst, schlug gegen eine Laterne und verstauchte mir die Hand. Und Mama?

Die musste das ganze irgendwie aushalten. Neben ihrem Job schlug sie sich als Alleinerziehende durch und sie hat versucht mir den Himmel auf die Erde zu holen. Hat sie es geschafft? Nun, die Antwort kannst du dir wohl denken. Nein, hat sie nicht. Aber was ich damit sagen will, Mama hat versucht mir alles möglich zu machen, was ihr möglich war, absolut alles. Das wiederum hatte zur Folge, dass ich immer mehr wollte. Obwohl doch von vornherein klar war, dass sie mir das, was ich wirklich wollte, nicht geben konnte. ***Meinen Papa.***

Das heißt, ich durfte alles. Für mich gab es förmlich keine Grenzen, also gab es schon, doch habe ich mich mit meiner enormen Energie einfach darüber hinweggesetzt. Wenn ein Verbot kam, ich Hausarrest bekommen habe, habe ich es einfach ignoriert. Ich machte, was ich wollte, ohne in den meisten Fällen eine ausreichende Konsequenz für mein Verhalten zu erfahren. An Liebe wiederum hat es mir nie gemangelt, im Gegenteil. Aber an Grenzen. Dementsprechend machte ich bei den Grenzen Anderer auch nicht Halt und so wurde ich ein wenig, nur ein wenig, distanzlos und vor allem einsam.

Irgendwie waren die anderen Kinder komisch zu mir. Wenn ich bei ihnen klingelte, haben sie mich nicht reingelassen, sondern mich von innen beobachtet, bis ich gegangen bin oder sich von Anfang an versteckt. Sie verdrehten mir den Sattel meines Fahrrads, hingen mir die Kette aus, bewarfen mich mit herunter gefallenem Obst, stellten mir ein Bein oder zogen mir den Stuhl weg. Wenn das Ganze ab und zu mal passiert, mag das ja auch in Ordnung sein, beziehungsweise tolerabel. Ein Erwachsener greift ein, bringt Ruhe in die Situation, fertig. Doch wenn es öfter passiert und kein Erwachsener es mitbekommt oder sich nicht verantwortlich fühlt, hat das weitreichende Folgen. Für mich hatte es zur Folge, dass ich mich abkapselte.

Mit etwa 10 Jahren bekam ich dann einen eigenen Computer. Isolation plus Mobbing. Nun ja, es gibt bessere Kombinationen, aber durchaus auch schlechtere. Also wurde aus dem kleinen Jungen, der den ganzen Tag am liebsten Staudämme baute, durch den Matsch sprang, mit einem Stock Brennnesseln zerschlug und auf Hochsitze hinaufkletterte, ein Computersüchtiger. Doch es öffnete mir auch viele Türen, für die ich im Nachhinein dankbar bin. So habe ich mir zum Beispiel beigebracht, Computer selbst zusammenzubauen und mit Bild- und Videobearbeitung erste kleine Grafiken und Videos zu erstellen. Bis heute habe ich Vor- und Nachteile von der damaligen Zeit. Ein Vorteil ist es, dass ich dadurch zur Fotografie gefunden habe, ein Nachteil, dass ich mich wohl immer mal wieder in Computerspielen verlieren kann. Dies jedoch nur noch phasenweise. Ich wünsche jedem, dass er mit seiner Vergangenheit nach und nach abschließen kann und in ihr etwas Positives sieht.

Nicht immer lässt sich aber in der Vergangenheit so schnell etwas Positives erkennen und in manchen Geschehnissen lässt sich auch nichts finden. Aber ich wünsche es jedem, damit Frieden schließen zu können.

Denn das ist für mich, aus heutiger Sicht, das Fundament einer erwachsenen und reifen Entwicklung und diese besteht zu großen Teilen darin, sich selbst etwas einzugestehen und anzuerkennen. Es ist im Übrigen völlig in Ordnung, Rückschritte zu machen, langsam anzufangen oder zeitweise auszusetzen. Es ist die Entwicklung von jedem Einzelnen und nicht die der Gesellschaft.

Ganz schön kaltes Wasser, wo du hier gelandet bist, oder?

Es gibt da draußen Kinder, die Schlimmeres erleben oder erlebt haben. Das ist mir klar. Doch ich möchte dich hier etwas sensibilisieren. Für mich war es damals eine Katastrophe und die verschiedenen Ereignisse zu bewerten, in einer Welt, wo so viele verschiedene Menschen leben, ist nicht fair.

Aber keine Sorge. Du wirst noch viele schöne Dinge in diesem Buch lesen.

III.

Nun weißt du schon sehr viel über mich. Mehr als die meisten Leute, die denken, sie würden mich kennen.

Glückwunsch!

Nun ist es allerdings auch nicht die Regel, dass man sich mit jemandem in einer Runde einfach mal so lange über seine Kindheit unterhält. Warum eigentlich nicht? Würden wir das öfter tun, würden wir einander in der Gesellschaft vermutlich oft besser verstehen. Doch das ist ein anderes Thema. Im dritten Akt meiner Geschichte gehe ich jedenfalls auf ein weiteres schwieriges Thema ein. Den Umzug nach Sachsen. Klar liegen meine Wurzeln hier, denn meine Eltern stammen ursprünglich aus Sachsen. Doch viel mehr als das und die Tatsache, dass meine Großeltern hier wohnen, verband mich mit diesem Teil von Deutschland nicht und nun sollte ich dort plötzlich leben, fernab von allem, was mir bekannt und vertraut war.

Mit etwa 14 Jahren aus seinem gewohnten Umfeld wegzuziehen, war nicht ganz einfach. Auch wenn ich in den ersten beiden Akten viel Leid klagte, gab es auch wunderbare Erinnerungen und Freundschaften in dem Dorf, die ich einfach nicht loslassen wollte.

„Freundschaften" mit den Kindern, die mich im jüngeren Alter oft abgelehnt haben und mich als zweite Wahl sahen, das Staudamm oder im Wald Häuschen bauen waren einfach prägende Dinge meiner Entwicklung. Später kam noch das Moped fahren mit Freunden dazu. Das alles und noch mehr war ich einfach nicht bereit loszulassen.

Einen Neuanfang wollte ich mit 14 Jahren einfach nicht. Und da ich nun den Computer hatte, ich mich mit einer neuen Schule und neuen Leuten beschäftigen musste, beschloss ich, immer mehr allein zu sein. Schon als die Nachricht bekannt geworden war, dass wir umziehen, zog ich mich weiter zurück und spielte viel am PC. Wozu denn noch weiter raus gehen, wenn ich eh bald alles verlieren würde? Damit ich alles dann noch mehr vermisse? Also zog ich mich lieber zurück, akzeptierte das Alleinsein und ließ meine Heimat hinter mir.

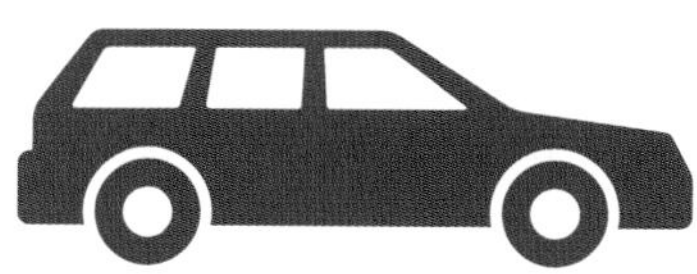

Als wir dann umgezogen waren, packte mich jedoch ein ganz anderes Gefühl. ***Motivation.***

Irgendwie fühlte ich eine neue Chance, auch schulisch. Ich wiederholte freiwillig die 7. Klasse, stieg somit von der Hauptschule auf in die Realschule und ich hatte nun den Vorteil, dass ich vieles schon einmal gehört hatte.

Gute Noten brachten meinen inneres Belohnungssystem auf ein neues Level. Gute Noten mit wenig Aufwand kannte ich nicht. Aufgrund meiner Hyperaktivität war ich in der Schule schnell abgelenkt und es fiel mir schwer, konzentriert zu bleiben. So wurde ich nicht nur einmal aus dem Unterricht geschickt, weil ich meine Klassenkameraden ablenkte. Meine Lehrer hatten es nicht immer leicht mit mir. Überraschenderweise gab mir die sächsische Schule einen regelrechten Aufschwung. Da ich von vielen Themen schon mal etwas gehört habe und ich die neuen Leute sowieso nicht kannte, blieb ich länger konzentriert. Ich wollte zum ersten Mal etwas erreichen, in der 7. Klasse… .

Diese Motivation hielt natürlich nicht ewig an und mit dem Kennenlernen der Leute, dem Wechsel in die 8. Klasse, wo ich nun keinen Vorteil mehr hatte, wuchs in mir auch der Wunsch, wieder zurück nach Hessen zu wollen. Dieser Wunsch blieb bestehen, doch ich musste lernen, mich in meiner neuen Umgebung zurecht zu finden. Und so kam es auch. Ich fand Anschluss, wenn auch langsam und ich lernte Menschen kennen, die mir die Augen öffneten, meinem neuen Lebensmittelpunkt doch eine Chance zu geben. So lernte ich, auch schwierige Situationen zu meistern und ich lernte vor allem eins: dass es immer weiter geht.

Jetzt machen wir mal einen größeren Schritt. In den folgenden Jahren wuchs in mir die Faszination zur Fotografie, ich machte meinen Abschluss und begann eine Lehre zum Rettungsassistenten. Ich hatte sogar das Glück, in der nahegelegenen Rettungswache eine Ausbildungsstelle zu bekommen. Und das war ein wahnsinniger Glücksgriff. Ich bin sehr froh, dort so aufgenommen worden zu sein. Zwar kam anfangs nicht jeder mit mir klar, manchmal brauchte ich etwas länger, aber am Ende hat mich das Ganze so sehr in den Bann gezogen, dass ich bis heute sage, und das nach zwei Jahren Pandemie, ich würde wohl nie so ganz ohne können. Einem Beruf nachzugehen, der so weit Berufung geworden ist, dass ich ihn nicht missen möchte, ganz gleich, welche Richtung meine Reise annimmt, gab mir ebenso neues Selbstvertrauen und so ergab sich vor zwei Jahren die Möglichkeit, mich zum Notfallsanitäter weiterzubilden. Nach einigen Jahren im Berufsleben und einem großen Repertoire an praktischen Erfahrungen noch einmal die Schulbank zu drücken, brachte einige Herausforderungen mit sich. Besonders, wenn man seit seiner Kindheit mit ADHS lebt und die Konzentrationsschwelle nicht lang auf dem gleichen Niveau halten kann, bedarf es einigen Umdenkens, um die neuen Inhalte besser aufnehmen zu können. Gepaart mit meinem Perfektionismus, fällt es mir bis heute noch schwer, theoretische Inhalte zu lernen. Doch durch die Anlehnung an die Praxis, geht mir das Lernen leichter von der Hand. Die Weiterbildung befähigte mich darin, auch langwierige Ziele zu verfolgen, ohne sie in den Hintergrund rücken zu lassen, wenn die anfängliche Faszination abflacht. Dieses Phänomen ist typisch für ADHS, doch davon ließ ich mich diesmal nicht ausbremsen und somit erlangte ich meine weitere Qualifikation 2020. Der

Vorteil dieser Weiterbildung bestand in meinem Fall darin, dass ich durch meine Jahre im Rettungsdienst nur eine Ergänzungsprüfung ablegen musste und demnach vorneweg alles im Selbststudium und zusammen mit meinen Kolleginnen und Kollegen lernen konnte, die mir sehr halfen, alles für mich praxisgerecht zu vermitteln. Somit kann ich bis heute in meiner alltäglichen Arbeit das Wissen beider Aus- und Fortbildungen nutzen, um der Gesellschaft einen Mehrwert zu geben. Menschen in Notsituationen nach bestem Wissen und Gewissen zu helfen, ist meine Motivation. Diesen Beruf jemals völlig ad acta zu legen, ist für mich undenkbar und doch träume ich von einem Leben, das mir noch mehr abverlangt als das, was ich nun in meinem Alltag bewerkstelligen muss. Denn nach knapp zehn Jahren Rettungsdienst ist dann doch etwas zu viel Routine für mein ADHS-Hirn in meinem Alltag.

Als Zusammenfassung des III. Aktes:

Ich hatte es nicht immer einfach, ich bin aber dennoch irgendwie zu jemanden geworden, den ich gern habe. Mich so zu akzeptieren, wie ich nun bin, war ein langer Weg. Und ich wiederhole meine Worte aus dem vorherigen Akt. Dieses befreiende Gefühl, mit sich selbst Frieden geschlossen zu haben, beziehungsweise auf einem guten Weg dahin zu sein, wünsche ich jedem.

Sagen zu können: „Ich bin nicht perfekt und ich muss es auch nicht sein.“, ist sehr erleichternd und nimmt mir viel Druck. Dazu noch eine Partnerin zu haben, die die notwendige Geduld aufbringt, mich unterstützt und mir die Möglichkeit gibt, mich in der für mich notwendigen Geschwindigkeit zu entwickeln, macht es mir leichter nach vorne zu schauen.

Und genau das ist mittlerweile für mich der Punkt.

Für mich geht es nicht mehr um Geschwindigkeit im Leben, ich versuche mich weiterzuentwickeln, meine Ziele zu erreichen, die Welt jeden Tag ein bisschen besser zu machen, mich selbst zu erfüllen und dabei Anderen keinen Schaden zuzufügen oder sogar noch etwas mitzugeben.

Das ist im Jahr 2022 meine Philosophie. Mal schauen, was die große weite Welt im Verlauf der nächsten Jahre daraus macht. Doch bevor du nun denkst, dieses Kapitel wäre ein trauriges, sollten wir doch auch die schönen Seiten noch ein ganzes Stück mehr beleuchten.

Irgendwo an der Nordsee. Mein erster Urlaub im Erwachsenenalter.

IV.

Im letzten Akt geht es um meine Therapie, die Auslöser diese zu beginnen, den steinigen Verlauf und das Endresultat. Es geht um langatmige, schmerzhafte Selbstreflexion und die Erkenntnis, mit seiner Entwicklung nie ein richtiges Ende zu erreichen.

„Nichts ist beständiger als die Veränderung"

- Bob Dylan

Mir ist es wichtig, dass dir dieses Buch etwas mitgibt. Egal ob es dir Spaß beim Lesen bereitet (was ich doch sehr hoffe), dir Lösungsansätze bietet oder einfach Motivation, um deine Pläne durchzuziehen. Es ist eine breitgefächerte Zusammenfassung aus unserem Leben. Es zeigt uns ungeschönt und echt, unsere Umwege und Ziele. In den vergangenen Akten hast du von einschneidenden Ereignissen gelesen und mich besser kennengelernt. Du hast mich jetzt möglicherweise als Einzelgänger und isolierten jungen Mann in Erinnerung und du hast dir eventuell die Frage gestellt, wie ich mich in diesem Beruf wohlfühlen kann.

Die Antwort darauf ist einfach. Ich bin offen, kommunikativ und habe Einfühlungsvermögen. Letzteres habe ich im privaten Umfeld während dem Verlauf meiner Therapie zeitweise verloren. Doch beginnen wir mal von vorn. Als vor knapp 4 Jahren meine 3. Liebesbeziehung zu Bruch ging, hat es in mir mächtig gescheppert. Ich habe so langsam damit begonnen, mich und mein Verhalten zu hinterfragen. Ich habe gelernt, dass nicht Anderen die Schuld zu geben, von Größe zeugt, sondern ein reifer Mensch dazu in der Lage ist, sich selbst zu reflektieren. Doch selbstreflektiert war ich zu diesem Zeitpunkt noch nicht, zumindest noch nicht ausreichend.

Für dich mag das Ganze jetzt offensichtlich aussehen.

Einen computersüchtigen Einzelgänger als Partner?

Eher nicht so gut vorstellbar. Aber so habe ich mich zu diesem Zeitpunkt nicht gesehen. Wie auch? Ich kannte es nicht anders. Ich kannte mich nicht anders und hatte keine Ahnung, dass ich mein Potenzial bei Weitem noch nicht ausgeschöpft hatte, sondern nur auf einer Stelle hin und her trat.

Ich begann also, vergangene Vorfälle zu verarbeiten, meine Aktionen und Reaktionen aufzuspalten und versuchte mich in andere Menschen hineinzuversetzen. Und so langsam zeigten sich dann auch die ersten Erfolge in meinem Umfeld. Menschen kamen auf mich zu und ich gewann neue Freunde. Damit meine ich nicht nur oberflächliche Kontakte, sondern richtige Freunde. Vom Einzelgänger, der eigentlich nicht allein sein wollte, nun zu einem offenen Menschen. Der Schritt war groß, der Weg war lang.
Nur war ich alles Andere als stabil. Ich verfiel oft in alte Verhaltensmuster, war depressiv und das merkte natürlich

auch mein Umfeld. So kam es immer wieder vor, dass ich mich zurück zog, wenn mir alles zu viel wurde. Es kam zu Episoden, in denen mich mein guter alter PC mehrere Wochen wieder in seinen Bann zog, ich mich zu Hause isolierte und mich mal wieder bei keinem meldete. Einfach, weil ich noch nicht stark genug war, um mich immer wieder auf meine positiven Seiten zu berufen. Meine neuen Freunde halfen mir dabei, indem sie sich dann regelmäßig meldeten und nach mir fragten. Um jedoch nicht immer wieder so große Rückschritte zu machen, entschloss ich mich dazu, eine Therapie zu beginnen.

So konnte es nicht weiter gehen. Der Wunsch in mir, zu mir selbst zurück zu finden, wuchs immer mehr. Und so ging alles ganz schnell. Wenn ich mich für etwas entscheide, dann folgen die nächsten Schritte immer recht schnell. Das Positive an mir in Verbindung mit meinem ADHS-Hirn, ist förmlich explosive Energie und mitreißende Motivation.

Ich rief also bei einer psychotherapeutischen Praxis an und ließ mir einen Termin geben. Mit gemischten Gefühlen ging ich dann zu meiner ersten Sitzung. Dort angekommen erklärte mir der Therapeut die weitere Vorgehensweise.
Er bat mich, in den nächsten Tagen eine Überweisung von meinem Hausarzt zu holen und diese zur nächsten Sitzung mitzubringen. Außerdem klärten wir die Bürokratie und lernten uns etwas kennen. Gut, erste Sitzung - Check!

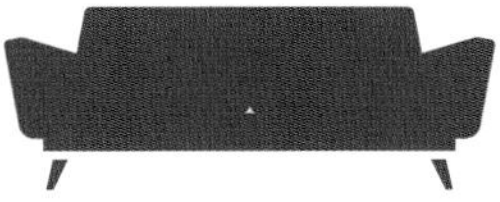

Zur zweiten Sitzung ging ich nun wieder mit gemischten Gefühlen, denn nun waren ja die Formalitäten geklärt und ich erwartete nun eine unangenehme, lange Fragerunde. Doch auch diese blieb aus. Wir lernten uns weiter kennen, ich erklärte ihm meine Situation und wieso ich hier bin und schwupps war auch die zweite Sitzung vorbei.

In den nächsten Sitzungen führte ich fast immer einen Monolog. Ich hatte einfach viel zu erzählen und außerdem war ich ja in der Vergangenheit nicht dafür bekannt, Andere ausreden zu lassen, sondern mich selbst gern in den Mittelpunkt zu stellen.

Doch irgendwann begann das Ganze wirklich tief zu werden. Wir redeten über so wahnsinnig essentielle Dinge der Kommunikation und die Entstehung von Verhaltensweisen im Kindesalter, dass ich selbst anfing, mich für Psychologie zu interessieren. Das tu ich bis heute. Für mich war es wichtig, mich mit der menschlichen Psyche auseinanderzusetzen, um nicht nur mich selbst, sondern auch mein Umfeld besser verstehen zu können.
Und ich kannte es noch von der Schule. Wer im Unterricht gut aufpasst, der hat schon die Hälfte der Hausaufgaben erledigt. Da spielte es mir sehr in die Karten, dass ich mich, wie oben schon mal erwähnt, zu diesem Zeitpunkt beruflich auf die Ergänzungsprüfung zum Notfallsanitäter vorbereitete. Denn darin gab es viel Kommunikation und psychologische Ansätze. Das Ganze lief ziemlich parallel. Im

Nachhinein war das auch gut so. So konnte ich mich vollumfänglich auf mich konzentrieren. Ob die Überlegung da war, meinen Lebensmittelpunkt wieder komplett nach Hessen zu verlegen? Definitiv ja. Einen kurzen Versuch hatte ich zwei Jahre vor meiner Therapie gestartet, doch ich kam schnell wieder hier her zurück, denn viele negative Ereignisse in Hessen ließen mich nachdenken, aber nicht wirklich verstehen. Dazu kam das immer noch bestehende Jobangebot in meiner ehemaligen Rettungswache. Dann verschlechterte sich zusätzlich der Gesundheitszustand meiner Großeltern und somit sah ich es als Zeichen an, meine Selbstfindung in Sachsen weiterzuführen. Auch wenn ich diese damals noch nicht erkannte.

Ich kehrte zurück, weil mich hier einfach weniger Dinge oder Menschen ablenken konnten und es für mich mittlerweile ein gewohnteres Umfeld darstellte als meine alte Heimat. Aus der Vergangenheit war ich es gewohnt, allein zu sein, auch wenn ich es nicht immer gern war.

Im Nachhinein betrachtet war es auch gut, dass ich die Therapie hier begonnen habe und auch beendete. Mein Wissen über die Psychologie gab mir viele neue Handlungsspielräume. Allerdings ging dies auch gern in die andere Richtung. Ich war froh darüber, dass ich mir viele Dinge nun viel besser erklären konnte, die mir vorher völlig unklar waren. Doch es machte mich zeitweise auch engstirniger. Oft sah ich nur meine Meinung und neigte dazu, in ein

Schwarz-Weiß-Denken zu verfallen. In der Vergangenheit konnte ich außerdem noch schlechter mit Kritik umgehen und diese beiden Dinge machten mich trotz Therapie zu einem anstrengenden Menschen. Bis heute ist es noch so, dass ich hin und wieder in das Muster verfalle, dass es mir schwer fällt, andere Meinungen zuzulassen, doch ich wurde im Laufe der Therapie und meiner jetzigen Partnerschaft immer weltoffener. Weltoffener in dem Sinne, dass ich kommunikativer geworden bin, was andere Meinungen anbetrifft. Natürlich vertrete ich Prinzipien, an denen es für mich keinen Spielraum gibt. Doch ich bin bereit, mich für andere Denkanstöße als meine eigenen zu öffnen und bin oft sehr froh über den Dialog, da ich nun gelernt habe, dass andere Ansichten auch bereichernd sein können, da man immer etwas für sich selbst mitnehmen kann. Zwei Jahre war ich in Verhaltenstherapie. Viele fragten mich, warum ich in meinem Umfeld so offen damit umgehe und die Antwort ist doch simpler als man denk: Ich bin sehr stolz darauf. In Therapie zu gehen, bedeutet Mut. Die Auseinandersetzung mit sich selbst bedeutet, viele nachdenkliche Stunden mit sich selbst zu verbringen. Da darf es auch die eine oder andere Träne geben. Selbstreflexion ist eine der härtesten und essentiellsten Dinge zugleich, um in der eigenen Persönlichkeit über sich selbst hinauswachsen zu können. Ich glaube, dass man über sich selbst genauso wenig auslernt, wie man es über andere Menschen tut. Selbstreflektion ist ein fortwährender Prozess.

Ja, ich kann mit einem ruhigen Gewissen sagen, dass ich mittlerweile stolz auf mich bin.

Das Ganze jetzt zu Papier bringen zu können, macht mich froh und stolz, denn ich weiß, was es für ein langer Weg gewesen ist. Viele Menschen mussten auch durch mich leiden, so wie auch ich durch Andere leiden musste. Viele Dinge tun mir auch von Herzen leid. Mir fehlte die Reife, um die Tragweite meiner Handlungen in einigen Situationen abschätzen zu können, doch ich arbeite jeden Tag an mir und lerne, mich auch mit meinen Fehlern zu akzeptieren. Dass ich heute der Mensch bin, der ich am Ende immer sein wollte, verdanke ich meiner Familie, meinen Freunden, meinen Liebesbeziehungen und meinem Therapeuten. Dank ihm ist alles ins feine Gleichgewicht gekommen, sodass ich nun eine Basis habe, mich stetig weiterzuentwickeln. Heute weiß ich in etwa, wieso mich manche Menschen so behandelt haben und ich weiß, was ich ändern muss, um herausfordernde Situationen in Zukunft besser lösen zu können. Aktuell bin ich motiviert vom Leben selbst. Ich bin gespannt, was auf mich zukommt und ja, ich freue mich auf die nächsten Jahre.

An dieser Stelle ist es mir noch wichtig zu sagen, dass ich mit meinem Vater und nahezu allen Familienmitgliedern Frieden geschlossen habe und ich sehr froh bin, zu ihr zu gehören.

ENGELBERT
STRAUSS

LINDA

...UND LOS GEHTS!

Jetzt bin ich dran. Meinen Namen kennst du nun schon. Die Frage ist, welche Informationen dich noch interessieren könnten. Warum stelle ich mich vor? Ich möchte dir zeigen, dass Menschen wandelbar sind. Jeder Mensch verfügt über ein persönliches Päckchen. Wir sammeln Erinnerungen, speichern diese und agieren nach Erfahrungen. Ein Päckchen zu tragen, klingt besonders im deutschen Sprachgebrauch immer sehr negativ. Es bezieht sich auf negative Erfahrungen. Doch es gibt keine rein negativen oder positiven Päckchen. In jedem befinden sich schöne und weniger schöne Geschenke des Lebens. Und so ist auch mein Päckchen eine bunte Mischung aus allem. Der Karton wurde im Vogtland gefertigt, im Jahr 1996. Das Vogtland befindet sich am letzten sächsischen Zipfel zur tschechischen Grenze. Die Region ist sehr ländlich und überzeugt Touristen durch viele Wälder und Wanderwege sowie schöne Täler mit süßen kleinen Häusern. Wir leben in einer Region, in der andere Menschen Urlaub machen und doch verliert man im Laufe der Zeit den Blick dafür, wenn man diese Bilder jeden Tag sieht. Das ländliche Leben ist für junge Menschen auch häufig mit wenigen Abenteuern verbunden. Die Werte, die uns auf dem Land vermittelt werden, unterscheiden sich von der Stadt. Ja, die Vogtländer sind besonders in jeder Hinsicht. Die Mentalität muss man leben oder man lässt es. Wie ich mich in meiner Heimat oft gefühlt habe, wirst du noch erfahren. Doch zunächst erzähle ich dir etwas von meiner Kindheit, denn das Vogtland ist eine wunderbare Gegend, um Kinder großzuziehen. Die Kleinstadt Auerbach, woher ich stamme, ist behütet und fast schon familiär. Freunde gab es in den vielen kleinen Nebenstraßen ausreichend und ich habe mit meiner jüngeren Schwester viel draußen machen können. Wir liebten Fantasiespiele und tauchten gern in andere Welten mit anderen Rollen ein. Wir spielten viel draußen diese Spiele und unsere Barbiepuppen waren unser ganzer Stolz. Im Nachhinein betrachtet bin ich mir sicher, dass unsere gemeinsamen Spiele bereits damals sehr kreativ waren und viel zu unserer heutigen Kreativität beigetragen haben, denn auch meine Schwester ist sehr kreativ.

Meine Eltern konnten unterschiedlicher und doch liebenswerter nicht sein. Sie waren in meiner Kindheit noch selbstständig mit einer kleinen Fensterbaufirma, weshalb meine Mama einen Großteil der erzieherischen Aufgaben übernahm, während mein Papa oft bis abends arbeitete und somit weniger präsent im Familienleben war. Hört sich zunächst nach der klassischen Rollenaufteilung an, die man so kennt. Männer sind die Hauptverdiener und Frauen kümmern sich neben der Arbeit größtenteils um die Erziehung. Da meine Mama allerdings die Sekretärin der Firma war, blieb sie nicht lange wegen mir zu Hause. Wenn ich mit der Schule fertig war, saß ich mit bei meinen Eltern in der Firma in einem ihrer beiden Büros. An diese Zeit erinnere ich mich gern zurück, denn es war sehr familiär, die Stimmung in der Firma. Dort fing ich auch an, meine ersten Geschichten zu verfassen. Ja, schreiben lag mir schon immer.

In meiner Schulzeit hatte ich kaum Freunde. Ich war anders als die meisten Kinder- verschlossen und introvertiert. Selbstbewusstsein hatte ich nie. Und war tatsächlich jemand mit mir befreundet, freute ich mich so sehr darüber, dass mich jemand mochte, dass ich alles dafür tat, um diese Menschen halten zu können. Das führte oft dazu, dass ich bereit war, viel mehr für mein Gegenüber zu geben als ich je zurück bekommen würde. Und das frustrierte mich häufig und sorgte dafür, dass ich oft aneckte. Betrachte ich dies aus heutiger Sicht als Erwachsene, weiß ich, dass nicht die Anderen das Problem waren, sondern ich. Aufgrund meiner verzweifelten Versuche, gemocht zu werden, neigte ich zur Selbstaufgabe. Die Freundschaften zerbrachen nicht, weil mir Andere nicht genug zurück gaben, sondern an meiner übersteigerten Erwartungshaltung. Dann gab es da noch meine Fantasie. Davon besaß ich jede Menge. Es begann mit unseren kindlichen Fantasiespielen. Später begann ich zu zeichnen. Doch das lag mir einfach nicht. Das

Meine Schwester und ich

räumliche Denken und Körper räumlich zu Papier zu bringen waren mir einfach nicht gegeben. Irgendwann kam ich auf die Schreiberei.

Alles begann mit Kurzgeschichten. Die fing ich bereits in der Grundschule an zu schreiben, wie eben schon erwähnt, in den Büroräumen meiner Eltern. Was ein Grundschüler so schreibt- von Abenteuern aus dem Märchenwald bis hin zu Feen am Wasserfall war alles dabei. Ich erinnere mich an eine lustige Geschichte bei meinen Eltern aus dem Büro. Ich schrieb wieder einmal eine Geschichte, die ich stolz bei meiner Mama am Computer ausdrucken wollte, um sie ihr zu zeigen. Doch ähnlich wie heute, machte ich auch damals bei technischen Geräten bereits gern Bedienungsfehler. Ich druckte meine Geschichte nicht, sondern faxte sie an einen völlig fremden Mann. Dieser reagierte allerdings sehr positiv darauf und bedankte sich sogar noch. Diese Geschichte ist eine, die mir besonders im Gedächtnis geblieben ist, wenn ich an Texte denke, die ich bereits verfasst habe. Später kamen Gedichte dazu. Diese waren gespickt mit den verschiedensten Reimarten und ein klein wenig stolz war ich darauf auf jeden Fall. Meine Gedichte hatten es an sich, deep zu sein. Es wäre für mich undenkbar gewesen, meine sprachlichen Mittel nur für die Beschreibung der Natur um mich herum zu verwenden, obwohl ich Naturgedichte sehr schön finde.

Mich reizt das Leben. Mich fesseln Emotionen und davon hatte ich jede Menge, die ich in meinen Gedichten niederschrieb. Auch von Erwachsenen erhielt ich schlichtweg positives Feedback für meine Schriftstücke und irgendwann wurde ich selbstbewusster, indem ich zu mir selbst sagte: „Ja, Linda. Schreiben kannst du einigermaßen.“. Mein engstes Umfeld meinte immer zu mir, dass ich irgendwann sicher schaffen würde, ein Buch zu schreiben. Dass ich nun tatsächlich mit Sandro über unserem ersten Buch sitze, erscheint mir noch völlig surreal und doch merke ich, wie schnell uns die Worte von der Hand gehen- einfach, weil wir so viel zu erzählen haben und uns diese Leidenschaft dazu bewegt, immer weiter zu schreiben. Warum alles in komplexe sprachliche Mittel verpacken, wenn du uns doch bei einer Unterhaltung auch in unserer Sprache verstehen würdest? Imaginär betrachtet, getreu unserem Cover, sitzen wir gerade am Lagerfeuer und reden über das Leben.

Weiter geht's. Das Schreiben war nicht das Einzige, das mich ausmachte. Seit meiner Kindheit beeinflusste mich die Musik. Mein Opa war eine Zeit lang als Berufsmusiker tätig und machte bis an sein Lebensende nebenberuflich Musik.
Aus diesem Grund stand es gar nicht zur Debatte, ob ich Musik machen würde oder nicht. Meine Eltern meldeten mich als Kind in einer Musikschule an und ich begann am Glockenspiel, weiter zur Blockflöte bis hin zum Saxophon. Musik gab mir das Gefühl, alles schaffen zu können. Ich

hatte die meisten Erfolgserlebnisse in der Musik. Mein Opa übte regelmäßig mit mir auf den verschiedensten kleinsten Instrumenten und zeigte mir zu Hause, was ich in der Musikschule noch nicht vollständig erfassen konnte-das Noten lesen. Bei einigen Auftritten in der Musikschule begleitete er mich sogar auf der Gitarre oder dem Saxophon, was mich sehr stolz machte. Mein Opa war ein großes Vorbild für mich. Er war eine Persönlichkeit, zu der ich aufblickte und ich wollte so gern sein wie er. Doch unsere gemeinsame Zeit sollte nicht lang sein.

Mein Opa und ich

Damit kommen wir zum ersten Brikett meines Päckchens. Opa war krank. Sehr krank. Bereits mit Mitte 50 sollte er dienstlich zu einem Termin fahren, doch dort kam er nie an. Er fuhr in eine völlig andere Richtung an einen völlig anderen Ort und eines Tages kam es zu einem Autounfall. Er hatte Glück, dass ihm dabei nichts passiert ist, denn das Auto war ein absoluter Totalschaden. Doch was war passiert? Keiner konnte es sich erklären. Die Straße, die er entlang fuhr, als der Unfall passierte, war völlig frei und kurvenarm. Etwas stimmte nicht. Das fiel auch meiner Oma allmählich auf, die ihn zum Arzt brachte, was Opa nur sehr trotzig hinnahm. Dort erhielt er die Diagnose „Alzheimer". Opa durfte nun kein Auto mehr fahren und arbeiten durfte er auch nicht mehr, da er keine Maschinen mehr bedienen durfte. Er war zu Hause und das Einzige, was ihm glücklich machte, war die Musik. Er merkte, dass etwas mit ihm nicht stimmte. Dann kam eines Tages der Tag eines Bilds in meinem Kopf, das ich nie vergessen werde. Es war Sommer und meine Mama hatte Geburtstag. Seit Jahren war es für Opa ein Ritual, zu Geburtstagen ein Ständchen zu spielen. „Happy Birthday to you", eins der simpelsten Lieder auf jedem Instrument und er wollte es spielen wie selbstverständlich, schließlich hat er das schon so oft gemacht. Es kam der erste schiefe Ton und jeder dachte, das sei normal, schließlich vergreift sich jeder gute Saxophonist mal. Doch er hatte nicht die falschen Klappen versehentlich gedrückt. Er wusste die Melodie und Aneinanderreihung der Griffe nicht mehr. Tränen schossen in seine Augen und das Saxophon verstummte. An diesem Tag spielte er es zum letzten Mal. Er merkte, dass etwas in seinem Kopf nicht mehr so funktioniert wie es sollte und er war dem hilflos ausgeliefert. Ich möchte nicht wissen, wie er sich in diesem Moment gefühlt haben muss, doch ich kann es mir denken. Die Krankheit nahm Opa immer mehr in Besitz. Er vergaß nicht nur seine Talente, er vergaß unsere Namen, seinen eigenen und irgendwann vergaß er Bewegungsabläufe. Das Haus, in dem meine Eltern und meine Oma leben, ist definitiv alles außer barrierefrei und ich werde es nie vergessen, wie Oma ihn so oft verzweifelt die Treppe hoch zerrte und stützte, obwohl sie selbst kaum größer ist als ich heute. Auch sie war am Ende ihrer körperlichen und seelischen Kapazitäten. Opa wurde zum Pflegefall und war zu diesem Zeitpunkt noch nicht einmal 60 Jahre alt. Meine Schwester und ich waren klein, erlebten täglich seinen Leidensweg hautnah mit, doch wir konnten die Schwere dieses Prozesses erst viel später begreifen. Und dann kam der erste Mai 2004. Opa hatte drei Tage zuvor seinen 59. Geburtstag, den wir trotzdem feierten, auch wenn er nur noch physisch anwesend und an ein Pflegebett im Wohnzimmer im übertragenen Sinne gebunden war. Wir waren am Abend zuvor mit unseren Eltern zum Hexenfeuer gewesen und hatten jede Menge Spaß. Unsere Mama weckte uns wie jeden Morgen, doch diesmal war sie komplett verweint- ein seltenes Bild. Mama weinte nicht oft vor uns. Ich wusste trotzdem, dass es etwas mit Opa zu tun haben musste. Opa war in dieser Nacht verstorben. Er ging im Stillen und wurde nicht einmal 60 Jahre alt. Mein größtes Vorbild lebte nicht mehr, doch ich war zu jung, um die Tragweite der menschlichen Sterblichkeit zu erschließen. Wie stark der Verlust von ihm war, begriff ich erst mit den Jahren. In vielen Situationen, besonders, wenn ich musikalisch nicht weiter wusste, fragte ich mich: „Was würde Opa sagen, wenn ich ihn noch fragen könnte?". Meinem Vater und meiner Oma war die Trauer von dem Tag an ins Gesicht geschrieben und sie ist bis heute nie vollständig aus deren Gesicht verschwunden. Mein Papa hat seinen Vater verloren in einem Alter, in dem man damit rechnet, noch locker 20 Jahre miteinander verbringen zu können. Opa sagte immer, er wird irgendwann mal 101. Die Lebensfreude hätte er sicherlich aufgebracht. Er war lebensbejahend und positiv, doch es war ihm nicht vergönnt. Ich glaube bis heute, dass mein Papa nie darüber hinweg kommen wird, seinen Vater so früh verloren zu haben. Er war schon immer leise, doch er wurde mit den Jahren noch leiser und zog sich zurück. Auch meine Oma fiel nach dem Tod ihres Mannes in ein tiefes Loch. Sie konnte nur schwer allein sein und sich keine einzige Erinnerung an Opa anschauen in der ersten Zeit. Ich würde den beiden wünschen, irgendwann zu mehr Lebensfreude zurückzufinden. Umso wichtiger war es mir, ein Stück weit in Opas Fußstapfen zu treten. Das war ich ihm schuldig und das hätte er gewollt. Mit neun Jahren setzte ich mir in den Kopf, das Saxophon spielen zu lernen, während meine Schwester sich an Opas Querflöte versuchte und diese bis heute mit Bravur spielt. Ich war damals schon so klein und relativ zierlich, wie ich es auch heute noch bin und das Saxophon reichte mir bis zu den Knien. Aus diesem Grund riet uns mein damaliger Musiklehrer dazu, zunächst zur Klarinette zu greifen, um meinen Körper zu schonen. Das wäre sicherlich auch besser gewesen. Mein Opa lebte zu diesem Zeitpunkt bereits zwei Jahre nicht mehr. Doch er hinterließ mir sein Saxophon und das war das wertvollste Geschenk, denn ich spiele mittlerweile genau 17 Jahre auf seinem Saxophon. Eine lange Debatte mit meinen Eltern begann, die schlussendlich sagten, dass ich es zumindest versuchen sollte, wenn das mein größter Wunsch ist. Das habe ich getan und es hat tatsächlich geklappt. Es konnten nur kleine Schritte aufgrund meiner Größe gemacht werden, doch ich kam voran. Nach der Musikschule folgten die ersten kleineren Musikprojekte, bis ich einige Jahre später endlich das erste Mal in einer Band mitspielen konnte. Zu dem Zeitpunkt war ich 16 Jahre alt. Das war für mich ein Traum, der sich erfüllte, endlich regelmäßig vor Publikum spielen zu können.

An dieser Stelle noch einmal ein kurzer Exkurs zu meiner Persönlichkeit: Ich bin sehr introvertiert. Das bin ich auch bis heute noch. Doch war ich zu meinen ersten Auftritten noch nervös, legte sich die Nervosität mit jedem Auftritt, da

ich die nötige Routine bekam. Dennoch zog sich dieses Paradoxon bis heute durch mein Leben. Ich habe große Probleme damit, vor fremden Menschen zu sprechen oder mit ihnen in Dialog zu kommen, doch vor einem großen Publikum aufzutreten löst in mir kein Lampenfieber aus. Ich spüre mittlerweile kaum noch Nervosität, wenn ich auf eine Bühne muss, was ich selbst völlig verrückt finde. Was ich dir damit sagen will, man kann alles schaffen, wenn man die notwendige Energie dahinter hat. Die Frage ist immer nur, wie schnell man seine Ziele erreichen kann. Keiner hätte dem kleinen, zierlichen Mädchen damals gesagt, dass sie eines Tages vor vielen Leuten dieses Instrument spielen wird ohne nervös zu sein. Und während ich diese Autobiographie verfasse, stelle ich immer wieder fest, auf wie viele Dinge ich stolz sein kann. Das kannst du auch.

Ich kenne dich nicht, doch es ist beeindruckend, beim Schreiben über sich selbst schwarz auf weiß zu sehen, was man bereits alles geschafft hat, was schlichtweg unmöglich war. Dieser Denkanstoß ist meine Motivation. Meine besiegten Zweifel geben mir die Kraft, daran zu glauben, dass ich auch als Erwachsene meine zunächst ungreifbaren Ziele erreichen kann. Ich habe lediglich aufgehört, mir Deadlines zu setzen und übe mich jeden Tag in Geduld. Die Übungsphase wird vermutlich noch lange dauern, obwohl ich bereits oft schon dachte, ich werde etwas niemals schaffen, weil ich schlichtweg zu ungeduldig war.

Rede ich nun weiter über meine Interessen oder kommen wir gleich zum nächsten Brikett in meinem Päckchen? Lass uns noch kurz über Sport reden. Sportlich war die kleine Linda als Kind nicht besonders. Mit der Aufnahme ins Gymnasium inspirierten mich all die Cheerleader aus meiner Klasse so sehr, dass ich über meinen Schatten sprang und anfing, diesem Sport nachzugehen. Eine Sportskanone wie meine kleine Schwester war ich zu Anfang nicht. Wobei, am Ende war ich das auch nicht. Meine jüngere Schwester arbeitete sich im Cheerleading bis zur Leistungssportlerin hoch. Ich wechselte nach zwei Meisterschaften das Team und kam zur Tanzgruppe der Cheerleader, die mich durch meine Pubertät bis ins Erwachsenenalter begleitete. Dort konnte ich vieles lernen. Ich wurde nicht nur sportlicher, sondern auch agiler. Ich bekam das nötige Körpergefühl und meine Weiblichkeit zu großen Teilen durch den Tanzsport. Selbstbewusstsein aufzubauen ist so schwer, solltest du zu der Kategorie „weniger selbstbewusst" zählen wie ich, weißt du ganz genau, wovon ich rede. Doch das Tanzen gab mir viel Selbstbewusstsein. Ich wurde erwachsener und aus dem kleinen schüchternen Mädchen wurde eine junge Frau, die immer noch klein und schüchtern ist. Allerdings ist es mittlerweile deutlich besser. Was mich besonders stolz macht, ist die Europameisterschaft in Amsterdam, die ich bei den Cheerleadern erleben durfte. Ich war 15 Jahre alt, noch sehr unerfahren und stand in den meisten Tanzformationen relativ weit hinten. Doch das war mir egal. Ich durfte dabei sein und ich durfte sogar mit tanzen. All das war nur möglich, weil ich unbedingt in den Meisterschaftskader kommen wollte und so viel wie möglich in meiner Freizeit trainierte. Ein Leistungssportler war ich immer noch nicht, doch ich war mittlerweile längst nicht mehr so unsportlich wie in meiner Kindheit, da ich eine Verbindung zu meinem eigenen Körper herstellen konnte. Doch nach dem Abitur war Schluss mit Sport, zumindest vorerst.

Die große Veränderung stand vor der Tür. Ich war 18 Jahre alt und der festen Überzeugung, mir gehöre nun die Welt, denn mit Beginn der Volljährigkeit durfte ich mir nun legal allein meine Zigaretten besorgen, Auto fahren und so lange unterwegs sein wie ich wollte. Schließlich musste ich meine Eltern nicht mehr fragen. Ich glaube, dieses Gefühl kennt jeder junge Erwachsene. Du fieberst die ganze Zeit auf deine Volljährigkeit hin und ist sie einmal eingetroffen, ist es wie ein Startschuss. Die Zeit verfliegt schneller. Ich machte mein Abi und alles fühlte sich nach Aufbruch an. Mir konnte der Aufbruch nicht schnell genug gehen und so sicherte ich mir einen Studienplatz in Chemnitz. Nach außen hin war ich gelassen, doch innerlich sah es anders aus. Ich machte mir viele Gedanken darüber, ob ich mit noch nicht mal 19 Jahren wirklich schon bereit war, allein zu leben und dann auch noch in einer mir völlig unbekannten Stadt. Viele sagen, Chemnitz sei eine hässliche Stadt. Ich kann diese

Ansicht überhaupt nicht nachvollziehen. Es war für mich eine andere Welt, dass alle zwei bis drei Minuten ein Bus in den gleichen Stadtteil fährt und die Stadt nicht in den frühen Abendstunden bereits in Tiefschlaf verfällt. Alles war bunter, interessanter, aufregender und ich war mitten drin. Ich suchte nach einer Bleibe, in der ich mich wohl fühlte und nicht zu weit weg war von allem. Nach langem Suchen und vielen Besichtigungen fand ich eine kleine Singlewohnung in der Nähe das Kaßbergs, dem Studentenviertel schlechthin, an dessen Ecken alle paar Meter eine Homeparty steigt oder eine Bar zu besuchen ist. Genau so habe ich es mir vorgestellt.

Ich glaube, dass in Chemnitz allmählich die Suche nach mir selbst begonnen hat. Doch was dich sicher am meisten interessiert, ist die Frage, was ich überhaupt studiert habe. Ich begann ein Soziologiestudium, da mich diese Wissenschaft von Anbeginn her sehr fesselte. Was mich an dieser Geisteswissenschaft so fasziniert, ist ihre Relevanz für alle Vorkommnisse dieser Welt gepaart mit der Psychologie. Soziologie ist mit der Psychologie immer der Ausgangspunkt jeder Interaktion von Menschen untereinander. Mich interessieren andere Menschen. Ich möchte wissen, wie sie zu dem geworden sind, was sie sind und was sie bewegt. Womöglich unterhalte ich mich deswegen so gerne über das Leben. Das Leben fasziniert mich und seit ich klein bin, versuche ich mir selbst täglich die Welt zu erklären.

Die Leidenschaft für die Soziologie war definitiv vorhanden, doch das Kind in mir war noch nicht bereit für so viel Selbstdisziplin, die ein universitäres Studium mit sich bringt. Das Eintragen zu Prüfungsleistungen, die Entscheidungsmacht darüber, wann ich welche Prüfung schreibe und die fehlende Anwesenheitspflicht in den Vorlesungen waren für mich fatal. Ich hatte plötzlich so viel Freiheit und keine Ahnung wohin damit. Das Abenteuer Leben und die große Stadt zogen mich völlig in ihren Bann. Mir fehlte die Reife, mich auf etwas zu fokussieren, das mir wichtig war. Doch was nützte die große Stadt, wenn man dort völlig allein ist? Ich war sehr oft allein und traurig, bis Fredo in mein Leben kam. Fredo wird dieses Buch noch länger begleiten, denn er hat mich mehr beeinflusst als die meisten Menschen in meinem Leben. Der Dackel meiner Eltern lebte nun mal immer noch in Auerbach und ich suchte verzweifelt einen besten Freund, der mir zu keiner Sekunde von der Seite weicht. Fredo war genau das. Ein weißer Jack Russell Terrier, dessen Flecken einfach ausgeblieben sind. Das machte ihn so besonders. Als Fredo mit nach Chemnitz zog, war er so groß wie eine Doppelsemmel, so würde es zumindest der Vogtländer sagen. Solltest du keiner sein: Ich meine damit ein doppeltes Brötchen. Größer war der Hund nicht. Aufgrund dieser Anekdote nennen Sandro und ich auch jeden Jack Russell Terrier, den wir irgendwo sehen, „Semmel". Er war ein wenig dicker und viele dachten, er würde ausgewachsen ein Kampfhund werden, doch er war zuckersüß. Als ich am ersten Morgen aufwachte und plötzlich dieser winzige Hund aus seinem Körbchen hoch schaute, konnte ich kaum glauben, dass dieses kleine Lebewesen tatsächlich zu mir gehört. Seitdem waren wir unzertrennlich. Wir erkundeten gemeinsam die große Stadt und rannten rundenweise um den Chemnitzer Schlossteich.

Fredo, 8 Wochen alt

Doch wie es das Schicksal so wollte, sollte auch meine Zeit in Chemnitz bald vorbei sein. Warum ich mich so früh entschied, wieder ins Vogtland zurückzukehren, weiß ich nicht. Der Reiz des neuen Abenteuers war abgeklungen und ich fühlte mich zu oft allein. Der Freundeskreis änderte sich und ich fühlte mich plötzlich in Auerbach wohler als je zuvor. Eine kleine Zweiraumwohnung für Fredo und mich war mein Traum. Und ein größeres Bett, denn Fredo nahm im alten Bett mehr Platz ein als ich. Zurück im Vogtland fanden wir tatsächlich schnell so eine Wohnung, wie ich sie mir vorgestellt habe, doch das nicht einfach irgendwo. Die Umgebung war mir aus meiner Teeniezeit bekannter denn je. Hier verbrachte ich viele Stunden mit meiner besten Freundin. Wir kannten uns seit Kindertagen, da unsere Eltern viel zusammen unternahmen. Es bestand kein Zweifel daran, dass auch wir beste Freunde sein würden. Es gab Zeitperioden, da verbrachten wir jede freie Minute miteinander und wieder Zeiten, in denen wir uns kaum sahen, da wir zeitweise völlig unterschiedliche soziale Umfelder hatten. Doch irgendwie kamen wir im Laufe der Jahre immer zusammen und ganz gleich, wie lang ich sie nicht mehr gesehen habe, ich vertraute ihr blind. Als wir fast 16 waren, machten wir zusammen den Moped-Führerschein. Doch zurück zu meinen fast zwanzig Jahren. Ich bereitete also meinen Umzug vor in die Gegend, wo meine beste Freundin sehr lange wohnte. Nach ihrer Rückkehr aus Klingenthal zog sie wieder hier her. Eines Abends klingelte sie bei mir und es war, als wäre sie nie weg gewesen.

Ich veränderte mich. Mit jedem Tag wurde ich anders. Ich war wieder im Vogtland angekommen und studierte etwas halbherzig weiter in Chemnitz. Zu sehr war ich auf der Suche nach mir selbst. Rückblickend betrachtet war ich das mein ganzes junges Leben lang bis vor wenigen Monaten. Mein Selbstbewusstsein war in den Jahren nicht wirklich gewachsen oder nennen wir es besser meine Selbstwirksamkeitserwartung. Warum sollte ausgerechnet ich etwas erreichen? Ich studierte, schob eine Prüfung nach der anderen auf und um meine tolle kleine Wohnung finanzieren zu können, ging ich, wie jeder zweite Student gefühlt, kellnern oder stand an den Wochenenden in irgendwelchen Clubs hinter der Bar. Ich traute mir nicht wirklich etwas zu. Doch ein Feedback bekam ich fast immer gleichermaßen, ob an Bars, wenn ich arbeitete oder beim tanzen gehen. Ich wurde viel für mein Äußeres gelobt, nicht nur von der männlichen Front. Diese Komplimente gaben mir Kraft. Logisch, denn wer hört nicht gern Komplimente? Doch meine instabile Psyche interpretierte diese falsch. Ich wurde eitel, sehr eitel. Mein äußeres Erscheinungsbild war mir heilig. Es war mir so wichtig, schön zu sein, da ich das Gefühl hatte, mein Aussehen sei das Einzige, worauf ich mich verlassen kann. Diese im Nachhinein betrachtet sehr kranke Einstellung zu mir selbst sorgte dafür, dass ich anfing, mich in meiner Eitelkeit zu verlieren. Meine Gedanken kreisten täglich nur um eine einzige Frage: Was kann ich an meinem Aussehen noch verbessern? Ich verlor mich darin. Ich identifizierte mich selbst als Barbiepuppe, war stolz darauf und mir war nicht einmal bewusst, was ich damit überhaupt versuchte zu kompensieren, fehlendes Selbstwertgefühl. Meine Interessen schwanden für alles Andere, bis ich nicht mehr in der Lage war zu studieren. Chemnitz gehörte nun endgültig der Vergangenheit an und ich stand wieder bei null, aber hey, ich fand mich schön. Während ich diese Zeilen schreibe, merke ich, wie infantil mein Denken für eine junge Erwachsene doch tatsächlich war. Mein eigenes Selbstbild stürzte mich in eine mittelgradige Depression, die einer teilstationären psychiatrischen Behandlung bedurfte. Ich wusste nicht mehr wohin mit mir. Schlafen fiel mir schwer und wenn ich schlief, plagten mich Albträume. Ich hatte Angst vor unkontrollierbaren Situationen. An dieser Stelle möchte ich gern noch mal Julia Engelmann zitieren:

„Und eins noch, mit `nem Beinbruch
gehst du auch zum Orthopäden.
Deshalb kannst du ja vielleicht mal
mit `nem Psychologen reden?"
- Julia Engelmann

Zum Teil ist das auch heute noch der Fall, nur nicht mehr so stark ausgeprägt. Sandro holt mich aber in solchen Situationen auch gern mal wieder auf den Boden zurück.

Du merkst also auch hier, ich, die nun schon zweite Person in diesem Buch mit ´nem psychischen Schaden. So schlimm kann es also nicht sein, sich auch mal helfen zu lassen.

Doch weiter gehts. Ich hatte panische Angst, vor Menschen zu essen, die ich nicht bereits länger kannte, obwohl gemeinsames Essen das Normalste auf der Welt ist. Ich mag es auch heute noch nicht sonderlich, mit Fremden an einem Tisch zu essen. Doch ich kann derartige Situationen so weit kontrollieren, dass ich es trotzdem schaffe und sie keine Panik mehr in mir auslösen. Ebenso hatte ich panische Angst vor Betrunkenen und Menschen, die sich übergeben mussten: Perfekte Voraussetzungen also für eine gute Barkeeperin. Und jetzt rate mal, was ich seit sieben Jahren nebenberuflich mache. Ich hatte solche Angst vor diesen Personengruppen, dass ich diese mied oder gar Situationen vermied, die auch nur das Potenzial dazu hatten, solchen Menschen zu begegnen. Volksfeste und Tanzveranstaltungen oder Krankenhäuser konnte ich nicht mehr betreten. Die Angst war so groß, dass ich nicht einmal mehr gern tanzen ging. Damals dachte ich, ich wäre einfach nur verrückt. Als Pädagogin konnte ich mir jede Menge psychologisches Wissen aneignen und weiß mittlerweile, dass ich an Emetophobie leide. Leider wurde diese Phobie von vielen

Menschen in meiner Vergangenheit belächelt. Natürlich empfinden es die meisten Menschen als eklig, wenn sich jemand vor deren Augen übergibt oder man selbst sich dem ergeben muss. Doch meine Ängste hatten nichts mehr mit Ekel zu tun. Ich bekam Herzrasen, wenn es einem Menschen in meiner Gegenwart nur schlecht war. Ich rannte vor Menschen weg, wenn sie sich übergeben mussten und tat alles dafür, um diesen Kontrollverlust auch bei mir selbst zu vermeiden, indem ich nie das Haus ohne Magentabletten verließ. Ich leide nach wie vor unter dieser Phobie, doch es wird besser. Vor einigen Jahren wäre es für mich undenkbar gewesen, hinter einer Bar zu arbeiten, da hier das Risiko, auf Betrunkene zu treffen, natürlich sehr hoch ist. Es ist okay für mich, Betrunkenen zu begegnen, solange sie nicht in meine Distanzzone kommen. Ich schleppe auch nicht mehr regelmäßig mein Repertoire an Medikamenten mit mir herum. Ich kann lediglich keine Toiletten benutzen, wenn ich weiß, dass sich kurz zuvor jemand auf dieser Toilette übergeben musste. Zudem achte ich etwas verstärkter auf meinen Körper, insbesondere auf meinen Magen, als Menschen ohne diese Phobie. Doch bis dahin war es ein langer Weg.

Ich bekam Medikamente zum schlafen und Antidepressiva, um meinem alltäglichen Leben wieder nachkommen zu können. Spätestens, wenn es das Anstrengendste auf der Welt ist, sich etwas zu essen zu kaufen und man in seinem

Auto vor einem Supermarkt steht und es einfach nicht schafft, hinein zu gehen, ist die Depression am behandlungsbedürftigen Punkt, besonders, wenn soziale Ängste mit einfließen. So war es zumindest in meinem Fall.

Das Studium war vorbei- unabgeschlossen. Mir fehlte die Perspektive, doch ich hatte eine Wohnung zu unterhalten, mich selbst und meinen geliebten Hund zu ernähren. Ich glaube, dass mir außerhalb der Behandlung auch Fredo die

nötigste Kraft gegeben hat, die ich brauchte, um weiter zu machen. Ein junger Hund braucht sein Frauchen und mein Hund war so sehr auf mich fixiert, dass er ohne mich niemals hätte leben können. War ich vom Leben geplättet den Tränen nah, legte er sich neben mich und leckte mir solange die Tränen aus dem Gesicht bis ich lachen musste. Ich rappelte mich auf, mit guten Freunden, familiärer Unterstützung und Fredo. Nach einem Jahr der überbrückenden beruflichen Selbstfindung kam ich zu einer Entscheidung, wie es mit mir weiter geht. Natürlich war ich in der Zeit nicht untätig. Ich war zu keinem Zeitpunkt arbeitslos. Das war mir besonders wichtig, da ich weder meinen Eltern finanziell zur Last fallen, noch staatliche Unterstützung in Anspruch nehmen wollte.

Die Gastronomie und der Einzelhandel hielten mich über Wasser bis ich schließlich ein duales Studium in Gera anfangen konnte. Mit fast 23 war ich in unserem Kurs eine der ältesten Studienanfänger, doch wenn ich mich mit einigen damals frisch volljährigen Kommilitonen verglich, war ich froh, etwas älter und reicher an Erfahrung zu sein. Mein Alter und meine vorherige Erfahrung gaben mir die Selbstdiziplin, die mir im vorherigen Studium fehlte. Ich studierte Soziale Arbeit mit dem Fachbereich der Kinder- und Jugendhilfe. Ein Studium an der Dualen Hochschule Gera zeichnet sich dadurch aus, dass man jeweils drei Monate arbeiten geht und danach wieder drei Monate die Hochschule besucht. Allerdings lassen sich diese Zeitintervalle während des Studiums nicht strikt voneinander trennen, sodass es durchaus vorkam, dass längere Hausarbeiten geschrieben werden mussten, während wir in Vollzeit arbeiten waren. Für mich war das völlig in Ordnung und normal. Ich kannte es aus den vergangenen drei Jahren nicht anders, dass ich die Arbeit und die Uni miteinander vereinen musste. Manchmal gelang es mir besser, manchmal schlechter. Und manchmal gab es Tage, da kam ich so übermüdet an der Hochschule an, dass ich den Drang meiner Augen, sich endlich schließen zu können, kaum noch unterdrücken konnte, da ich am Vortag bis spät in die Nacht irgendwo kellnern war. Eine Musterstudentin war ich nie. Dafür fehlten mir die Motivation und die Zeit. Doch ich besaß nun die Reife, mich über mehrere Wochen auf eine Prüfung vorzubereiten, ohne von jeder Fernsehsendung abgelenkt zu werden, wobei trotzdem immer etwas laufen musste, da ich in völliger Stille nicht lernen konnte. Überraschenderweise lief das Studium deutlich besser als in Chemnitz. Es fiel mir viel leichter, den Inhalten zu folgen und Hausarbeiten zu schreiben fiel mir zu keinem Zeitpunkt schwer. Es gab eine Hausarbeit, die ich in drei Tagen schrieb. Ja, das ist auch ohne Copy and Paste oder einen Ghostwriter möglich. Doch vorbildlich ist das nicht und das sind Dinge, die man definitiv erst nach dem Studium verraten sollte. Was ich damit sagen will, mir fiel es noch nie schwer, längere Schriftstücke zu verfassen. Bin ich einmal in meinem Schreibfluss gefangen, führt er mich immer weiter. Natürlich solltest du ,im Falle, du studierst selbst, so etwas auf keinen Fall nachmachen. Stressfrei war diese Form der Anfertigung einer Hausarbeit definitiv nicht und es hätte mit etwas weniger Glück im Schreibfluss auch deutlich schief gehen können.

Doch außerhalb von Hausarbeiten, Prüfungsleistungen, stationärer Kinder- und Jugendhilfe und mehreren Kellner- oder Barkeeperjobs gab es da noch mein Privatleben. Hin und wieder ergreift mich in dieser Autobiographie der Mut zur Lücke. Ich möchte und werde nicht jeden zeitweisen Wegbegleiter namentlich erwähnen. Das liegt nicht daran, dass ich Menschen aus meiner Vergangenheit nicht wertschätze, sondern dass es in diesen Zeilen um mich und meine Entwicklung gehen soll. Natürlich könnte ich chronologisch einen Lebenslauf verfassen, doch spannend ist etwas Anderes. Möchte ich von einem Menschen wissen, wie er zu genau dem geworden ist, was er nun ist, sind das prägende Ereignisse. Das ist es, was du von mir erfährst. Ich filtere die prägnantesten Geschichten heraus, die ich dir erzählen kann, dass du ein Bild davon hast, wer ich bin und wie mein Weg bisher aussah. Natürlich ist in den Lücken nicht nichts passiert. Doch realistisch betrachtet ist es nahezu unmöglich, alle Zusammenhänge zu umreißen und einen Menschen biographisch völlig zu durchleuchten. Außerdem brauchen wir ja auch noch Material für das nächste

Buch. Tja, wie sah mein Privatleben aus? Tatsächlich tat sich in der Zeit des zweiten Studiums das meiste. Ich begann eine neue Sportart und entdeckte Poledance für mich. Bekannt aus dem Rotlichtmillieu, wird dieser Sport seit Jahren sexualisiert. Als ernstzunehmende artistische Sportart sehen es die wenigsten. Doch auch hier bin ich wieder bei meinem eigenen Körpergefühl. Poledance bedeutet Leichtigkeit, gepaart mit Eleganz, Weiblichkeit und dem Gefühl zu fliegen. Poledance gab mir neues Selbstbewusstsein, da dieser Sport nie stehen bleibt. Mit jedem neu erlernten Element wird man mutiger. Jedes Element ist ein Erfolgserlebnis. Auftritte machten mich glücklich. Zu sehen, wie die Verwunderung in das Gesicht der Zuschauer schlich, die größtenteils dachten, nun käme eine billig aufgezogene Stripshow. Sie davon zu überzeugen, dass diese Sportart alle Muskelgruppen beansprucht und anstelle von lasziven Posen Elemente des Balletts in Choreographien einfließen. Meine erste Stange ließ nicht lange auf sich warten. Mittlerweile steht sie in unserem Wohnzimmer, doch ich finde immer seltener die Zeit zu tanzen. Auftritte gehören der Vergangenheit an. Ich tanze nur noch für mich und da mir die Sportart mit jedem Erfolgserlebnis das Gefühl gibt, dass alles möglich ist. Es ist nur eine Frage der Zeit.

Doch das war noch nicht alles hinsichtlich privater Veränderungen in meiner Studienzeit. Zumindest Veränderungen, die ich gern erwähnen möchte. Knapp zwei Jahre ist es her, als ich beim Poledancetraining war und eine Kursteilnehmerin auf mich zukam mit den Worten: „Du bist sehr hübsch. Mein Mann ist nebenbei Fotograf und aktuell auf der Suche nach neuen Modellen. Hast du Interesse, ihn kennenzulernen?“. Und genau an diesem Punkt kam Sascha ins Spiel. Sascha war Mitte 40 und ein begnadeter Peoplefotograf. Er machte das nur aus Interesse für die Fotografie, nicht aber zu kommerziellen Zwecken. Doch im Nachhinein habe ich die Vergleiche, um aus vollster Überzeugung sagen zu können, dass er aufgrund der hohen Qualität seiner Fotos ohne schlechtes Gewissen für seine Shootings hätte Geld verlangen können. Es war gut, dass er mein erster Fotograf war, mit dem ich öfter zusammen arbeitete. Er hatte eine sehr väterliche Art an sich und kommunizierte so wertschätzend mit mir, dass ich mich seit dem ersten Shooting sofort wohl fühlte. Wir machten viele Shootings zusammen. Sascha war mein Mentor, als ich begann zu modeln. Er hat mir nahezu alles beigebracht, was ich heute vor einer Kamera zeigen kann. Was ich an seinem Stil der Fotografie so inspirierend fand, war der künstlerische Aspekt seiner Fotos. Doch wir gehen zu tief in die Materie. Die Kunst der Fotografie zu erklären, ist eher Sandros Fachbereich. Mit mehr Instagrambeiträgen dank Saschas Fotos stiegen die Shootinganfragen und mein Selbstbewusstsein mit. Nun wirst du dir vermutlich denken, dass ich in Gefahr war, mein altes Verhaltensmuster wieder aufflammen zu lassen, doch dem war nicht so. Zu modeln hat viel mehr mit der Ausstrahlung als der eigenen Schönheit zu tun, denn Schönheit ist relativ. Ihre Definition ist subjektiv. Ich arbeitete weniger an meinem Aussehen als an meiner Präsenz. Ich lernte mit jedem Shooting mehr über mich selbst und meine Ausstrahlung. Durch das Feedback in den Shootings hatte ich einen Einblick in die Wahrnehmung anderer Menschen. Wie nehmen andere Menschen mich wahr? Mir war nicht wichtig, wie ich Anderen gefalle, sondern ob ich tatsächlich das ausstrahle, was ich ausstrahlen möchte. Bin ich wirklich authentisch? In den Shootings fiel öfter die Kritik, dass ich zu ernst wirke und meine Gesichtszüge unter Spannung stehen. Kein Wunder, dass mich viele Menschen als arrogant wahrnehmen, wenn sie mich zum ersten Mal sehen. Doch mir war klar, dass es an mir liegt, meinen wahren Charakter durch mein Auftreten nach außen durchdringen zu lassen. Bis heute erinnere ich mich oft an Mamas Lieblingsband „Rosenstolz". Hin und wieder schaffen sie es auch in meine eine oder andere Playlist. „Lachen, hast du mir gesagt. Du musst lachen. Komm, steh wieder auf. Vergiss die Welt und lass' die Augen zu." Mir wurde zum häufigeren Offenlegen meines Lächelns geraten, das ich so viele Jahre nicht mochte. Seitdem bin ich bemüht, so viel wie möglich zu lächeln. Auch bei jedem Shooting nehme ich mir vor, mindestens ein Foto mit einem Lachen zu schaffen. Gelingt mir nicht immer, aber immer öfter. Dass ich wohl kaum ein namhaftes Agentur-Model werde, stand für mich von Beginn an fest. Mit einer Kör-

DoC Design

pergröße von knapp über eineinhalb Metern scheitert mein Traum einer guten Agentur in unserer Region bereits an meiner Größe. Allerdings gelang es mir, mehr Fotografen auf mich aufmerksam zu machen und ein kleiner Auftrag kam gelegentlich auch für mich herum. Reich macht mich das Modeln keinesfalls- zumindest nicht finanziell. Doch es bereichert mich an Erfahrungen und dem Gefühl meiner eigenen Präsenz. Das Modeln war ein sehr einschneidender Schritt in meine Persönlichkeitsentwicklung. Jeder kennt eine davon, wage ich zu behaupten. Diese eine Bekannte, deren Frustration über ihren eigenen Körper so sehr ausufert, dass sie regelmäßig ihrem Umfeld ihre Unzufriedenheit mitteilt. Auch ich war für mein Umfeld jahrelang diese Bekannte, bis Sascha mir die ersten professionellen Fotos von mir zeigte. Man sah in meinen Augen, wie glücklich mich die Kamera machte. Ich strahlte Zufriedenheit aus und verstand, dass es nicht der Körper ist, der einen Menschen attraktiv wirken lässt, sondern dessen Ausstrahlung. Ich habe gelernt, dass jeder Mensch wunderschön sein kann, ganz gleich, welche Makel uns in die Wiege gelegt wurden und ich begrub das Kriegsbeil mit meinem Körper. Meine Hülle und meine Seele als eine Einheit zu begreifen, gab mir den Frieden zu meinem Körper zurück. Du kannst dir nicht vorstellen, wie gut ein Stück meiner Lieblingspizza nun schmeckt, seit ich mich in meinem Körper wohl fühle. Und genau aus dem Grund, weil ich meinen Körper nun endlich lieben kann, passe ich viel besser auf ihn auf als zuvor. Ich glaube, dass mir das ohne Sascha und seine Integration in die Modelwelt vermutlich erst deutlich später oder gar nicht gelungen wäre. Zunächst hielt sich die Begeisterung für meine neue Leidenschaft in meinem Umfeld sehr in Grenzen. Besonders meine Eltern waren sehr besorgt um mein Wohl. Sie fürchteten sich vor meiner Naivität. Verstehen kann ich sie. Besonders in meiner Teeniezeit glänzte ich sehr durch Leichtgläubigkeit und vertraute viel zu schnell Menschen, welche zu keinem Zeitpunkt einen Funken Vertrauen von mir hätten erhalten dürfen. Doch nun bin ich eine erwachsene Frau und meinen Eltern fällt es bis heute schwer zu realisieren, dass sie mich nicht mehr vor jeder Grausamkeit dieser Welt schützen können, obwohl sie es so gerne tun würden. Ich habe oft gelitten, viel geweint und mich gefragt, warum Menschen oft so hässlich zueinander sind, doch diese schmerzhafte Konfrontation mit den Schattenseiten des Lebens führte dazu, dass auch ich mit einer gewissen Verzögerung endlich verstand, dass ich besser auf mich achten muss und es nicht jeder gut mit mir meint. Ich wurde vorsichtiger und bremste mich selbst in meiner Begeisterung für das Modeln, da ich bis heute weiß, dass es keine Tätigkeit ist, die ich mein Leben lang machen werde.

Tja, und wie sieht es aktuell aus?

Zum jetzigen Zeitpunkt an dieser Stelle des Kapitels habe ich gerade das Verfassen meiner Bachelorarbeit hinter mir und bin immer noch völlig im Schreibfluss. Doch parallel steht mir die Bachelorverteidigung noch bevor. Ich kann es immer noch nicht glauben, dass wir das gerade tun, was wir tun und uns so wundervolle Menschen dabei unterstützen. Doch Schluss damit- ich möchte nicht zu viel vorweg nehmen. Das Kapitel unserer Paargeschichte soll schließlich erst noch kommen. Wir widmen uns dem Teil der Geschichte, in der Sandro ins Spiel kommt. Denn als er im Endeffekt unser jetziges Lebensmodell bereits vorbereitete (wenn auch zunächst noch ohne mich), war ich noch die kleine Blonde, die mit ihm gelegentlich hinter der Bar zusammen arbeitete.

MUSIS·SACRUM

SANDRO & LINDA

Es war vor etwas mehr als dreieinhalb Jahren, als wir uns zum ersten Mal begegnet sind. Seit Langem hatte ich endlich mal wieder einen Barkeeper-Job gefunden, der mir richtig Spaß machte. Das Gambrinus Klingenthal überzeugt mit seinem völlig eigenen Charme. Die Treppen vom Eingang nach oben führen direkt in einen großen Tanzsaal, der an Dirty Dancing erinnert. Man kann Jennifer Grey und Patrick Swayze förmlich über das Parkett schweben sehen, das in einem ähnlichen braunen Farbton gehalten ist. Oberhalb des Saals befindet sich die lange Galerie, von deren Brüstung der ganze Tanzsaal überblickt werden kann. Am Eingang des Tanzsaals befindet sich die Hauptbar, die längste Bar des Lokals, und genau hier beginnt unsere Geschichte. „Linda, du wirst heute mit Sandro an der Hauptbar arbeiten.“, sagte Tino. Tino ist der Besitzer des großen Lokals. Das Gambrinus Klingenthal verfügt neben dem Tanzsaal auch über eine Bar. Doch die Haifischbar wird noch öfter ein Thema sein. Unser Tino ist in etwa so alt wie unsere Eltern und steht uns auch im privaten Rahmen jederzeit mit einem väterlichen Rat zur Seite. Für jeden seiner Gäste hat er ein offenes Ohr und sein ruhiges, besonnenes Gemüt bringt sowohl Sandro als auch mich nach einer stresserfüllten Woche schnell herunter. Es war meine zweite

Schicht und ich hatte natürlich keine Ahnung, wer Sandro ist. Ich dachte bei dem Namen an einen Mann in der Mitte seiner Dreißiger, der womöglich bereits seit Jahren für Tino arbeitet. Doch als ich eine Stunde vor Schichtbeginn im Gambrinus aufschlug, war da niemand. Die Bar war noch so leer, wie wir sie bei der letzten Schicht verlassen haben. Freundliche Gesichter begrüßten mich vor der Theke. Unsere beiden Securitys und unsere Garderobendame waren bereits da und hatten es sich auf den Barhockern vor der Theke gemütlich gemacht. Sie umarmten mich herzlich. Einen solchen Empfang kannte ich aus meinen vorherigen Barjobs nicht, weshalb ich kurz schluckte. Ich war es nicht gewohnt, dass sich über meine Anwesenheit so gefreut wird. Besonders dann nicht, wenn ich die Menschen rund herum noch kaum kannte. Doch das Gambrinus war anders von Anfang an. Das Team hier ist eine große Familie und jeder achtet auf den Anderen. Ich warf meine Jacke auf das Fensterbrett im Vorratsraum und begann, meine Barseite zu bestücken und einzurichten. Ich hatte gerade die vierte Flasche Schnaps unter den Arm geklemmt und hockte auf dem Boden, um besser an eine weitere Flasche Rum heran zu kommen, als mich eine tiefe Männerstimme aus meinen Gedanken riss. Ich blickte nach oben. Ein großer, dunkelhaariger Kerl mit einem gut gepflegten Bart schaute zu mir herunter. „Du musst Linda sein. Ich bin Sandro. Hab gehört, wir arbeiten heute hier zusammen?“, fragte er mich und mir fiel in dem Moment erst einmal auf, dass ich immer noch mit den Schnapsflaschen unter dem Arm auf dem Boden hockte. Unbeholfen richtete ich mich auf und jonglierte halb die Flaschen bis zur nächsten Abstellfläche. Vermutlich sah ich dabei ziemlich bescheuert aus, denn Sandro schaute mich etwas fragend und dabei leicht grinsend an. „Ja, das ist richtig.", entgegnete ich und warf ihm ein freundliches Lächeln zu. Er drehte sich um und begann völlig routiniert seine Seite der Bar einzurichten. Im Augenwinkel schaute ich ihn etwas genauer an. Wenn man bereits etwas länger in der Klingenthaler Umgebung unterwegs ist, wird schnell klar, was für ein Dorf Klingenthal doch noch einmal im Vergleich zu meinem Heimatort Auerbach ist, denn wenn man hier einem Menschen begegnet, fragt man sich zuerst, woher man diesen kennen könnte. Die Wahrscheinlichkeit, einem unbekannten Gesicht in Klingenthal über den Weg zu laufen, ist deutlich geringer als in Auerbach. Doch ich bin Sandro tatsächlich noch nie zuvor begegnet. Seine langen, dunklen Haare waren zum Zopf locker zusammen gebunden und der Bart wirkte gepflegt. Mit seiner schwarzen Sea-Shepherd-Jacke und der Zigarette zwischen seinen Fingern wirkte er ein wenig alternativ, wie sich viele den stereotypischen Studenten vorstellen würden. Ob er Student war? Ich konnte es nicht wirklich erahnen. Hinsichtlich seines Alters ließ er sich schlecht schätzen. Ich tippte auf Ende 20, Anfang 30 vielleicht. Er wirkte sympathisch, selbstsicher und lässig.

„Der alternative, stereotypische Student“, laut Linda

Der Abend war sportlich. Für mich im wahrsten Sinne des Wortes, denn das Gambrinus war voll. Während ich allmählich in Panik verfiel, da sich im Laufe des Abends eine immer größere Traube an durstigen Menschen vor unserer Theke sammelte, blieb Sandro die Ruhe selbst. Von Stress keine Spur. Ich hüpfte bereits wieder wie ein Känguru von Ecke zu Ecke, um alle anstehenden Gäste in etwa gleich lang warten zu lassen, sodass sich keiner benachteiligt fühlte. Doch wer denkt, nun setzt nach der Barschicht die romantische Liebesgeschichte ein, der täuscht sich. Wir befanden uns beide in festen Partnerschaften, weshalb wir uns zwar kannten und mochten, aber nie auf die Idee gekommen wären, dass wir drei Jahre später mit unserem Hund zusammen halb in einem LKW leben und ein Buch schreiben.

Es ging weiter mit gemeinsamen Barschichten. Sandro war immer sehr nett zu mir. Er holte mir die Flaschen von den hohen Regalen, wenn ich mal wieder nicht dran kam, ohne dass ich ihn darum bat und schob mich gelegentlich sanft zur Seite, um sich Limetten von meiner Seite zu holen. Doch Interesse aneinander außerhalb von Freundlichkeit zeigten wir nicht. Warum sollten wir auch? Wir befanden uns in festen Partnerschaften.

Doch einen Moment gab es, in dem ich Sandros Charakter zum ersten Mal wirklich zu spüren bekam. An diesem Abend waren wir an unterschiedlichen Bars eingeteilt, weshalb wir uns erst gegen Ende des Abends im Gambrinus begegneten. Ich war am Boden zerstört, da etwas passierte, das mich völlig aus der Bahn geworfen hatte. Es war eine kalte Winternacht und ich stand fröstelnd vor der Tür des großen Tanzlokals in meinem kurzen, engen Kleid. Meine Lippen zitterten, während ich weinte und mich über mein witterungsbedingt ungünstiges Outfit ärgerte. Meine Schicht war bereits vorüber und draußen sammelten sich die letzten Gäste, die ihren Heimweg antraten. Mit leerem Blick schaute ich durch die Tränenwand auf meinen Augen und nahm gar nicht mehr wahr, was um mich herum überhaupt passierte. Sandro bekam es mit. Ich bemerkte in dem Moment nicht einmal, dass er die ganze Zeit direkt neben mir stand. Zu sehr war ich mit meinen eigenen Problemen beschäftigt. Er stellte sich hinter mich und legte mir seine beiden Arme um die Schultern. Er hatte keine Ahnung, welcher Gedanke mich zum weinen brachte und er kannte nur meinen Namen durch einige gemeinsame Barschichten. Mehr wusste er von mir nicht. Was mich in diesem Moment so beeindruckte, war die Selbstverständlichkeit, für eine ihm fremde Frau da zu sein. Die Empathie, mir genau in dem Moment das zu geben, was ich brauchte, um nicht weinend zusammenzubrechen, beeindruckte mich. Dass mich eine Umarmung in düsteren Momenten am besten beruhigt, konnte er nicht wissen. Doch er besaß das Feingefühl, das zu erahnen. Er war für eine fremde Frau da, ohne etwas zurück zu erhalten. Im Nachhinein sagte er mir irgendwann vor ein paar Monaten mal, dass er nicht anders konnte, weil er andere Menschen nicht weinen sehen kann. Es gibt nur wenige Menschen, deren Wahrnehmung über ihre direkte Umgebung hinaus geht. Sandro ist einer dieser wenigen Menschen. In Klingenthal ist er durch seinen Job bekannt. Doch es gibt auch Menschen, die ihn für größenwahnsinnig und abgehoben halten. Ich mochte ihn. Warum sollte ich es auch nicht tun? Sandro war von der ersten Begegnung an immer sehr nett zu mir und wir verstanden uns bei der Arbeit immer sehr gut. Doch mit ihm Kontakt aufzubauen, kam mir zu diesem Zeitpunkt noch nicht in den Sinn. Schließlich war ich in einer Partnerschaft. Ich legte meinen Wunsch nach einem Treffen und einer potenziellen Freundschaft ad acta und widmete mich wieder meinem Alltag.

Doch manchmal entscheidet sich das Leben anders. Unsere Partnerschaften scheiterten. Die Trennungsgründe waren bei uns beiden sehr unterschiedlich, doch sie hatten den gleichen Effekt. Wir hinterfragten uns selbst. Ich beschäftigte mich sehr viel mit Traumaforschung und Triggerpunkten, um mich selbst besser zu verstehen und wenn ich meine Instagram-Community ein Stück weit an meinen Gedanken teilhaben ließ in meinen Storys, gab mir Sandro des Öfteren Feedback. Er fragte mich, warum ich mich so viel mit diesem Thema befasse und aus irgendeinem Grund vertraute ich ihm meine Traumata an, die mich im Laufe

meines Lebens verfolgten. Das war für meine Verhältnisse sehr paradox. Ich mochte es noch nie, wenn sich Konversationen um mich drehten. Ich hasste den Mittelpunkt und so prägende Vorkommnisse meines Lebens mit einem Menschen zu teilen, den ich kaum kannte, widersprach meiner Natur. Doch ich fühlte mich sicher in Verbindung mit ihm.

Wir nähern uns allmählich dem spannenden Teil der Geschichte. Meine beste Freundin Jule überredete mich eines

Tages im Sommer vergangenen Jahres, mit ihr zur Kirmes zu gehen. So wirklich Lust hatte ich an dem Abend nicht und meine Laune war ziemlich im Keller. Ich hatte stark mit meinem Körper zu kämpfen, der mal wieder der Meinung war, gegen mich rebellieren zu müssen. Das passierte häufiger, denn es wäre gelogen, würde ich sagen, dass die letzten drei Jahre mit einem Studium und mehreren Nebenjobs nicht hin und wieder anstrengend waren.

Es gab Zeiten, da hätte ich nicht einmal beantworten können, wann mein letzter freier Tag war. Geschweige denn mein letztes freies Wochenende. Und wenn ich einmal frei hatte, war ich oft so müde, dass ich mich am liebsten in meiner Wohnung auf dem Sofa verkriechen wollte mit TV und Fredo im Arm. Doch ich entschied mich dennoch, Jule zu begleiten. Die Ablenkung von meinem alltäglichen Stress kam mir sehr gelegen. Was soll ich sagen? Jule schaffte es tatsächlich, dass ich mich amüsierte. Mit ihrer Partylaune riss sie mich mit, bis ich nach ein paar Tequila Sunrise Sandro über den Weg lief. Warum er ausgerechnet auf dieser Kirmes die Idee hatte, mit mir einen Deeptalk zu führen, weiß ich bis heute nicht so genau und er auch nicht. Der Zeitpunkt war jedenfalls ungünstig. Ich merkte den letzten Tequila Sunrise deutlich und gab mir Mühe, es zu überspielen. Kennst du diesen Moment, wenn dir auffällt, dass du nicht mehr ganz nüchtern bist und du dich zusammen reißt, dass es keiner merkt? Genau so ging es mir.

Ich schämte mich fürchterlich. Natürlich wollte ich nicht, dass er mich für eine Schnapsdrossel hält. Das lag nicht daran, dass ich ihm unbedingt gefallen wollte, sondern daran, dass er sich in diesem Gespräch mir vollends anvertraute, mir seine Lebensgeschichte offen preisgab und ich ihm nicht das Gefühl geben wollte, nicht bei der Sache zu sein. Also gab ich mir Mühe, einen geraden Blick aufzusetzen und Blickkontakt zu halten ohne zu starren. Jeder, der mich kennt, weiß, dass es mir sehr schwer fällt, Blickkontakt zu halten. Es verunsichert mich, wenn Menschen mich anschauen. Vielleicht lag es auch an meinem leichten Schwips, dass es mir gelang, nicht schüchtern in eine Ecke zu schauen.

Ich fand meinen Auftritt zufriedenstellend. Im Nachhinein sagt Sandro, dass mein Schauspiel zwecklos war, da man mir den Tequila Sunrise zu viel von Anfang an angemerkt hat. Toll... Alle Mühe umsonst! Was Sandro mir an dem Abend anvertraute, rührte mich sehr. Ich wünschte ihm, dass er glücklich wird. Und dann passierte erst mal wieder eine Weile nichts. Ich verbrachte die folgenden Monate mit vielen Fotoshootings, noch mehr Arbeit und weniger Freizeit. Ich war gerade dabei, der Männerwelt vorläufig abzuschwören, da sich mein Dating-Erfolg in Grenzen hielt. Ich fragte mich, ob es mir überhaupt möglich ist, eine Beziehung zu führen. Die wenige freie Zeit brauchte ich für mich selbst. Kam mir jemand näher, wich ich einen Schritt zurück und tat das, was ich in dieser Zeit am liebsten tat- arbeiten, studieren und danach wieder arbeiten. Mein Körper rebellierte weiter gegen mich, doch ich ignorierte seine Warnungen. Ich machte weiter wie gewohnt und wunderte mich, warum ich mich täglich krank fühlte. Und wenn ich einen freien Abend hatte, ging ich mit Jule in die Haifischbar. So auch an diesem Abend. Es war ein Freitag. Der Freitag vor meiner nächsten Barschicht. Jule und ich saßen wie immer an unserem Thekenplatz, als sich Sandro wie selbstverständlich zu uns setzte, um sich mit mir zu unterhalten. In dieser Unterhaltung fiel der Satz, der uns beide zum umdenken brachte: „Wir kennen uns flüchtig jetzt schon so lange. Warum haben wir eigentlich noch nie etwas zusammen gemacht?", fragte er mich. Er hatte recht. Warum eigentlich nicht? Wir verabredeten uns für den nächsten Tag nach unserer Barschicht.

Wie ein Abend im Gambrinus verläuft, konnte ich dir bereits näher bringen. Dieser Abend verlief sehr ähnlich. Sandro war an einer anderen Bar eingeteilt als ich, weshalb er bereits eher Feierabend hatte. Doch er hielt Wort und wartete auf mich. Wenn du nun glaubst, er holte mich an der Bar ab zu einem romantische Date, müssen wir dich leider enttäuschen. Wir stiegen in seinen Campervan und fuhren planlos durch Klingenthal. Der Van war von ihm selbst ausgebaut und hier machte ich meine ersten Camping-Erfahrungen. Wir blieben an einem Parkplatz stehen, der den

Blick auf die weiten Wiesen und den dunklen Wald von Klingenthal lenkte. Wir saßen auf Sandros Bett im Van und taten das, was ich am liebsten tue- wir verfielen in Deeptalk. So lange, bis die ersten Sonnenstrahlen in das kleine Dachfenster des Vans blinzelten. Ich fühlte mich frei. Wir schliefen bis in die Mittagsstunden und der liebevoll, gemütlich eingerichtete Van gab mir das Gefühl der Erholung. Ein Gefühl, das ich lange nicht mehr hatte. Das war es also, unser erstes Treffen. Es war tiefgreifend, liebevoll und es roch nach Freiheit. Es sollte nicht bei einem Treffen bleiben. Wir trafen uns mehrfach in der Woche, bis wir irgendwann tatsächlich fast jeden Tag und jede Nacht zusammen verbrachten.

Es war kurz vor Weihnachten mittlerweile. Sandro war traurig. Aufgrund seiner Vergangenheit als Scheidungskind machte er sich wenig aus diesem Fest. Ich versuchte ihn aufzuheitern.

Wir tranken Glühwein, kauften Weihnachtsdeko für seine Wohnung und putzten zusammen den Tannenbaum an, als wir auf das Gespräch kamen, wo er denn Weihnachten verbringen möchte. „Dieses Jahr vermutlich allein.“, entgegnete er. Mich traf ein kleiner Blitz. Mir persönlich bedeutet Weihnachten sehr viel. Es ist das Fest der Liebe und kein Mensch auf der Welt sollte an Weihnachten allein sein. Demnach war es für mich selbstverständlich, ihm vorzuschlagen, dass er das Weihnachtsfest bei meiner Familie mit in Auerbach verbringen kann. Ich war überrascht davon, wie schnell er tatsächlich einwilligte. Kurz vor Weihnachten besprachen wir unsere gemeinsame Planung. Doch nun wird es auch in diesem Kapitel Zeit für einen Perspektivwechsel. Sandro und ich sind seit diesem Tag ein Paar und ab jetzt geht es hier in der Wir-Form weiter.

Wie erging es uns seither? Das Weihnachtsfest bei meiner Familie war sehr schön und auch Fredo hatte nun seine eigene Hunde-Einrichtung in Sandros Wohnung bekommen. Unser Lebensmittelpunkt verlagerte sich immer mehr nach Klingenthal. Sehr zum Leidwesen der Menschen, die uns in Auerbach vermissten.

Wir können es verstehen, doch für uns war es die beste Lösung, unseren Haupt-Aufenthaltsort nach Klingenthal zu verlegen. Nach der Silvesterfeier in Klingenthal fuhren wir Anfang des neuen Jahres mit dem Campervan nach Hessen. Eine aufregende Zeit begann. Sandros Freunde warteten auf uns, viele Kennenlern-Treffen standen an. Überall wurden wir herzlich empfangen. Völlig anders als im Vogtland, sind die Menschen in Hessen meist herzlicher und offener für neue Gesichter. Und das, obwohl das hessische Haunetal eine sehr ländliche Region ist. An einigen Teilen der kleinen Dörfer fühlt man sich fast wie zu Hause. Es war schon fast mit einer Brise Stress für mich (Linda) verbunden, so viele neue Gesichter auf einmal abzuklappern, doch es war schön.

Eines Abends suchten wir wieder einmal einen Schlafplatz und fuhren einen schmalen Waldweg entlang immer tiefer in den Wald. Es war schon lange dunkel. Nur ein paar Sterne zeigten sich am klaren Himmel und es war bitterkalt. Doch müde waren wir noch nicht und so begannen wir, Holz zu sammeln und ein Lagerfeuer zu machen. Wir führten intensive Gespräche, deren Inhalt besonders von Zukunftsvisionen und Reisewünschen bestimmt war. Kreativ waren wir schon immer und so war es auch nicht verwunderlich, dass dieses Gespräch aufgrund von immer neu einfließenden Ideen bis drei Uhr morgens dauerte. Es war einer der ersten Momente, in dem sich das Lebensgefühl Camping auf uns beide übertrug. Wir konnten uns erstmalig beide damit identifizieren. Es war auch der Abend, an dem wir über die Wahrscheinlichkeit diskutierten, dass uns ein Wildschwein beim Wildpinkeln ins Hinterteil beißen könnte. Wir hatten jede Menge zu lachen.

Es waren nur wenige Grad über null, doch kalt war es keinesfalls zu zweit. Wir waren gut gerüstet mit dicken Decken und warm eingepackt. Ja, Camping ist auch im Winter eine Erfahrung wert. Hessen ist seitdem für uns immer eine Reise wert. Es ist wie ein zweites Nach-Hause-Kommen. Alles ist familiär vertraut, als wäre man fester Bestandteil einer Gemeinschaft, in der man doch so selten präsent ist. Doch hier machte sich auch zum ersten Mal bemerkbar, dass wir aller Wahrscheinlichkeit nach ein größeres Gefährt irgendwann benötigen. Wir waren nun zu zweit im T4 unterwegs. Es war wunderbar gemütlich und es wäre falsch zu sagen, dass wir etwas vermisst haben. Das war nicht der Fall. Allerdings verteilt sich das Gepäck von zwei Personen deutlich schwerer, sodass wir zeitweise ein kleines Platzproblem hatten. Natürlich bekamen wir alles gut unter, doch wir mussten jeden Tag den Van aufs Neue durchsuchen, da die Suche gewisser Sachen natürlich deutlich länger dauerte. Der Mensch, der auf der Suche nach etwas Wichtigem nicht zunächst ein Chaos verursacht, muss vermutlich erst noch erfunden werden. Fredo nahmen wir auf den Roadtrip nicht mit. Das lag zum Einen daran, dass die Verschiebung des Lebensmittelpunkts nach Klingenthal für ihn bereits eine Umstellung bedeutete und wir ihm nicht noch zusätzlich in Form einer Reise Stress bescheren wollten. Auch der Platz für einen Hund, um sich wohlzufühlen, war nicht gegeben. Zumindest nicht so, wie Fredo es kannte. Was wir auf unserem Roadtrip auch immer spürten, waren die Grenzen eines Campervans.

Wir waren zumindest alle zwei bis drei Tage auf andere Menschen angewiesen. Sei es, um eine Dusche zu erhalten oder doch einmal eine saubere Toilette zu benutzen. An einige wenige Tage ohne eine warme Dusche gewöhnt man sich schnell, doch ab einem bestimmten Zeitpunkt sehnt sich der Körper nach Hygiene. Das waren die Gründe, warum sich Sandro immer und immer wieder auf die Suche nach einer Lösung für unsere kleinen Barrieren machte. Zu diesem Zeitpunkt noch ohne Erfolg. Dass die Lösung ein sechseinhalb Tonnen schwerer LKW sein würde, wussten wir zu diesem Zeitpunkt noch nicht. Doch wir fuhren zurück und gingen unseren Alltag weiter an. Glücklich waren wir immer, wenn wir unserem Alltag kurz entfliehen konnten. Das werden wir vermutlich auch nach jeder noch so kleinen Reise immer wieder sein. Die Akkus waren geladen und dann kam der Tag, der unser Leben verändern sollte...

Wir wechseln wieder die Perspektive, denn diese Situation in ihren Emotionen so wiederzugeben, wie sie war, gelingt in einer Ich-Form besser. Ich bin es mal wieder. Linda. Keine Sorge! Im nächsten Kapitel wartet jede Menge Sandro-Content auf dich. Ich glaube, das wird sein Lieblingskapitel aus seiner Feder. Doch ich möchte nicht zu viel vorweg nehmen. Es war eine etwas miese Stimmung. Das lag daran, dass es sich um einen Sonntag handelte und wir beide unserer bevorstehenden Frühschicht am Montag Morgen nicht sonderlich positiv gesinnt waren. Nennen wir es einen Sonntags-Blues. Jeder kennt es. Wir pflegen schon länger das Ritual des gemeinsamen Badens. Gibt es etwas Wichtiges zu besprechen, nehmen wir gemeinsam ein Bad. Möchten wir uns auf den nächsten Tag mental vorbereiten, nehmen wir gemeinsam ein Bad. Und wenn wir uns schlichtweg von einem harten Tag erholen wollen, nehmen wir auch gemeinsam ein Bad. Haben wir uns gestritten, rate mal... nehmen wir, genau, ein Bad. Schon immer hat uns unsere Badewanne inspiriert und manchmal den einen oder anderen Denkanstoß gegeben. So auch an diesem Abend. Doch dieser Sonntag war anders. Sandro saß mir gegenüber und über eine Wand aus Schaum schaute ich ihn an und versuchte, mit ihm Blickkontakt aufzubauen oder ein Gespräch zu beginnen. Doch er schwieg. Was ihn viel mehr beschäftigte, war sein Handy. „Was machst du denn die ganze Zeit?“, fragte ich ihn. Etwas wortkarg antwortete er: „Ich schaue nur etwas.“. Etwas widerwillig gab ich mich mit der Antwort zufrieden bis er aufstand und bereits in Richtung Schlafzimmer marschierte. Ich war noch lange nicht fertig. Meine Haare trocken zu föhnen, ist jedes Mal eine Tortur, denn es dauert ewig, bis sie trocknen. Eine halbe Stunde später begab ich mich ebenfalls ins Schlafzimmer. Ich rechnete damit, dass Sandro sich bereits in Tiefschlaf befand, als ich die Tür öffnete, doch dem war nicht so. Er lag mit Fredo auf der Brust im Bett und grinste in sein Handy. Ich spürte, dass etwas nicht so ist wie immer und fragte ihn, was er denn gerade so amüsant findet. Er hielt mir sein Handy entgegen mit den Worten: „Ich glaub, ich muss dir da was beichten. Was hältst du denn von dem da?“. Ich schaute etwas ungläubig auf das Display. „Der ist aber groß.“, entgegnete ich. Sandro verdrehte die Augen und lachte: „Na ach! Ist ja auch ein LKW.“. Er zeigte mir die Inneneinrichtung. Der Wohnkoffer war bereits vollständig ausgebaut und bat uns eine Basisaustattung für den Alltag. Doch dazu im nächsten Kapitel mehr.

Nun fiel auch bei mir endgültig der Groschen. Sandro riss mich mit seiner Euphorie komplett mit.

An diesem Abend erzählte er mir von seinen Träumen und Ideen. Er äußert oft tolle Ideen oder Pläne ohne ein Fertigstellungsdatum. In der Vergangenheit wurde er oft nicht ernst genommen, da es manchmal sehr lange dauert, sie umzusetzen beziehungsweise begrub er viele schon in der Entstehung.

Ich wusste zwar, dass er hin und wieder auf der Suche nach einem anderen Fahrzeug war, um noch mehr Unabhängigkeit erlangen zu können. Ich wusste auch, dass früher oder später ein anderes Fahrzeug auf dem Hof stehen wird. Doch dass er mich nun tatsächlich fragte, ob ich es mir vorstellen könnte, sogar zeitweise in einem Fahrzeug zu wohnen, überstieg meine Vorstellungskraft. Ich war jedoch interessiert und ein LKW, vor allem dieser, sah in meinem Kopf schon mehr nach „Wohnung" aus, weshalb ich mir durchaus vorstellen konnte, darin zu wohnen.

Und meine Gedanken rasten. Ich war plötzlich ganz still. Ein Leben im LKW mit Perspektive auf lange, autarke Reisen löste in mir eine Begeisterung aus, die ich von mir nicht kannte. In den nächsten Stunden wogen wir die bevorstehenden Entscheidungen ab und wir kamen schneller auf einen Konsens als erwartet. Wir waren uns einig. Wir waren bereit, den nächsten Schritt in Richtung unseres neuen, gemeinsamen Traums zu gehen. Doch eine Warnung hatte Sandro trotzdem noch für mich. Unsere Konversation, die einem Film gleicht, spielte sich tatsächlich so ab. Er merkte nur an:

„Du hast da drin aber keine Badewanne.“.

Und als wäre es das Selbstverständlichste der Welt, antwortete ich:

„Dann fahren wir eben ans Meer.“.

Ja, unser Leben ist weitaus mehr als eine geradlinige Biographie. Wir sind leidenschaftlich und wir lieben, was wir tun. Das zeichnete uns von Anfang an aus. Was in den nächsten Tagen folgte, war die Vorbereitung auf ein neues Lebensgefühl. Wir kündigten meine Wohnung, da wir ohnehin nur noch in einer Wohnung regelmäßig übernachteten und kümmerten uns um alle Formalitäten, die es für einen so großen Traum bedarf. Glücklicherweise hatten wir bereits in der darauf folgenden Woche einen Tag gemeinsam frei. Der Termin mit dem älteren Herren zur Besichtigung war ebenso schnell vereinbart. Besichtigung... Guter Witz! Wir wussten innerlich längst, dass wir mit Kurt nach Hause fahren, denn wir hatten dem LKW bereits vor Anreise einen Namen gegeben. Spätestens jetzt hältst du uns entweder für mutig und cool oder für völlig verrückt. Vielleicht sind wir auch eine Mischung aus beidem. Doch Fakt ist, dass wir vier Tage später in meinem Auto saßen auf dem Weg nach Rheinland-Pfalz.

Sechs Stunden Fahrt trennten uns von unserem Traum. Tja, sie vergingen wie im Flug. Doch nun muss ich einen kurzen Cut machen. Sandros Kapitel zu Kurt wartet schließlich noch auf dich.

Lass uns noch kurz etwas über den Status Quo von uns als Pärchen sagen. Zum Zeitpunkt der Buchentstehung kamen wir gerade aus Polen zurück nach einem vierwöchigen Roadtrip und unser Leben steht vollständig unter dem Motto „Veränderung“. Ich habe gerade meine Bachelorarbeit fertig geschrieben und nutze meinen Schreibfluss für das Buch, das du hier liest, während Sandro seine Inspiration in der Reise gefunden hat für dieses gemeinsame Projekt, kribbelten mir die Finger. Wir denken darüber nach, wohin wir als nächstes reisen und wie wir unseren Traum umsetzen können, eine Weltreise zu machen. Und getreu diesem Motto schreiben wir gerade unser Buch. Warum immer erst dann ein Buch schreiben, wenn man die ersten krassen Abenteuer bereits hinter sich hat? Was ist in der Zeit zuvor passiert? Wir möchten dich in unsere Welt mitnehmen und dir die Möglichkeit geben, uns kennenzulernen. Vielleicht findest du die beiden Chaoten danach so sympathisch, dass du selbst darüber nachdenkst, deine lang ersehnten Träume realistisch zu gestalten. Spätestens zu diesem Zeitpunkt haben wir einen Menschen glücklich gemacht. Vielleicht bist du auch gerade in deinem heimischen Schlafzimmer, schaltest vom Alltag ab und liest ein Buch zum Einschlafen…

Fest steht, du weißt nun mehr über uns als einige Menschen, die uns im real life kennen, denn wir haben seit unserer Buchidee den Mut, Dinge über uns preiszugeben, die uns nicht leicht fielen. Doch sind wir mal ehrlich. Tut es nicht gut mal zu hören, nicht allein zu sein oder zu merken, dass einem zugehört wird?

Und nun kommen wir zum spannendsten Teil der Geschichte. Wer ist eigentlich dieser Kurt? Was hat es mit dem „Herren“ in schwarz auf sich? Sandro nimmt dich mit in unsere Welt und wie sich von nun an unser Leben veränderte.

Ich übergebe das Wort, denn hier kommt…

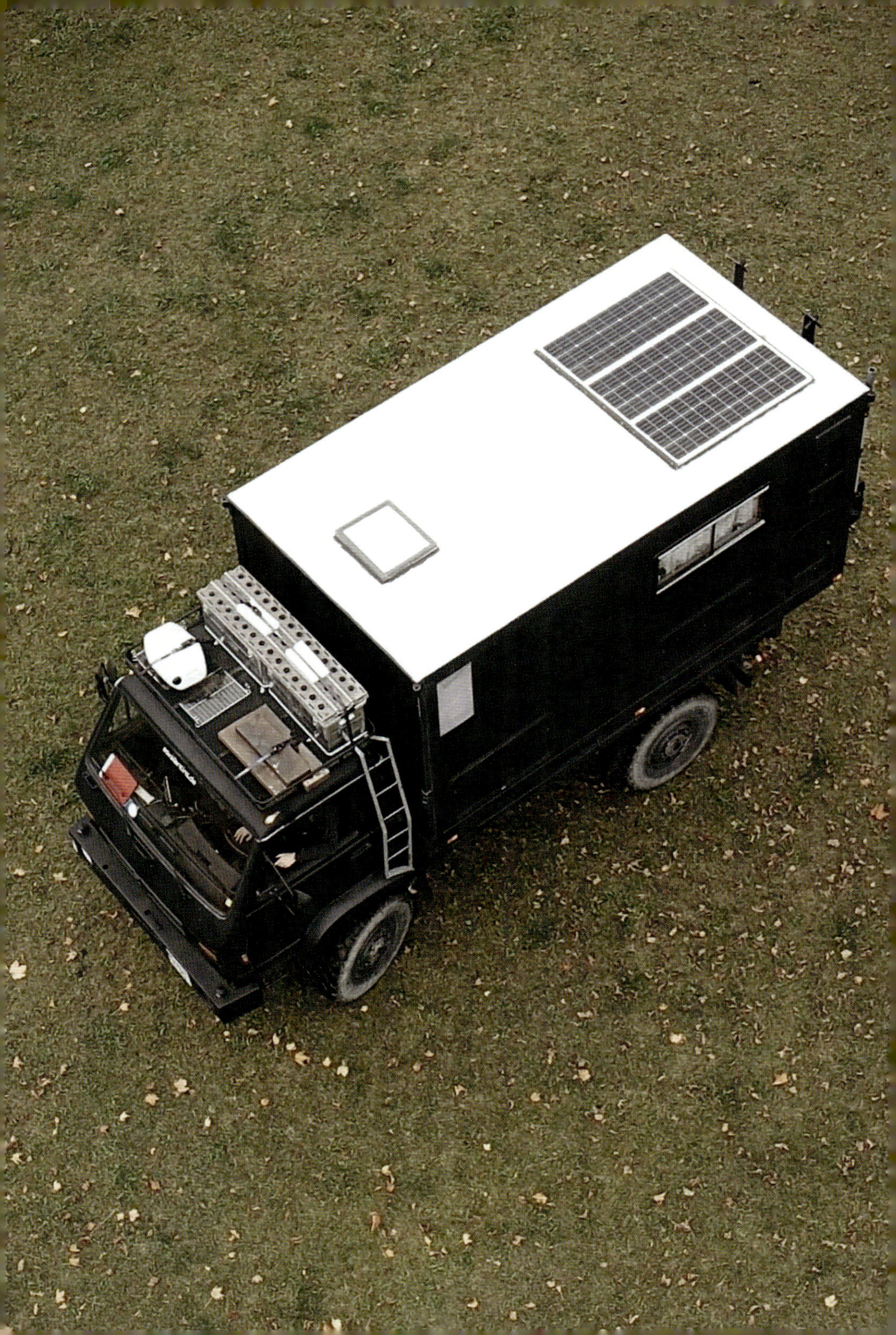

KURT
UNSER MAN G90
TECHNIK-KAPITEL

Steckbrief

Erstzulassung:	1989
PS:	136 ps
Hubraum:	5,738 ccm
V max:	89 km/h
Verbrauch:	18-25 l
Länge:	6,30 m
Breite:	2,27 m
Höhe:	3,75m
Gewicht (max.):	7,49t
Reisegewicht (2022):	6,35t

Endlich kommen wir zum Kapitel für alle Technikbegeisterten. Wir stellen dir Kurt etwas detaillierter vor. Es geht in diesem Kapitel auch um die Vorbereitung auf unsere Reise. Stell dir vor, du sitzt in deiner Lieblingskneipe am Stammtisch und wirst gefragt, wie es aktuell bei dir läuft. Du erzählst deine Geschichte und die Menschen um dich herum sind an dir interessiert. Sie stellen dir weitere detaillierte Fragen. Genau diese Stammtisch-Situation durchliefen wir so oft, dass wir es nicht mehr zählen können, seit wir unseren LKW besitzen. Aus diesem Grund sollte auch ein typisches Stammtisch-Gespräch in diesem Buch nicht fehlen. Doch fangen wir an und versuchen, auch den weniger KFZ-Begeisterten einen kleinen Einblick zu geben. Kurt ist ein MAN 8.136 FAE. Die Bezeichnung „FAE" steht für „Frontlenker, Allradantrieb, Einzelradbereifung". Klingt zunächst komplex, ist allerdings beim zweiten Mal durchlesen nahezu selbsterklärend. Doch dazu kommen wir noch. Unser Kurt ist ein ziemlich alter Geselle. Zumindest für ein Auto. Stellen wir doch mal einen kleinen Vergleich an. Für viele gilt ein Auto bereits als „alt", wenn es älter als zehn Jahre ist. Dies liegt besonders daran, dass sich der Lebensstandard in einem Land wie Deutschland immer weiter hoch fährt, was allerdings zur Folge hat, dass es immer mehr Ungleichheiten gibt. Doch die Soziologie soll für dieses Buch keine Rolle spielen. Wir sehen das Ganze schon immer etwas anders. Ein Auto als Statussymbol zu kaufen, hatte für Linda noch nie und für mich nicht lange eine Bedeutung. Es ist ein angenehmes Gefühl, in einem modernen Auto zur Arbeit zu fahren. Doch jedes andere Auto würde uns genauso zur Arbeit befördern. Aus diesem Grund fahren wir als Alltagsauto auch einen über zwanzig Jahre alten VW Golf IV. Nun ist unser Kurt allerdings noch einmal deutlich älter als unser Golf und älter als wir beide, denn Kurt wurde 1989 erstmals zugelassen. Er ist ein Fahrzeug, das in unserer Kleinstadt, aber auch auf Reisen aufgrund seiner Optik deutlich auffällt. Aufgrund der aktuellen politischen Situation kam es aus diesem Grund auch schon zu Verwechslungen. Das können wir den Menschen auch nicht verübeln, denn Kurt wurde ursprünglich für das Militär gebaut. Er stammt aus Dänemark und entstand infolge einer Kooperation zwischen VW und MAN. Im Führerhaus ist sein Anstrich in olivgrün noch deutlich zu sehen, doch außen wurde Kurt durch unseren Vorbesitzer ein komplett neuer Anstrich verpasst. Das Schwarz lässt ihn vielleicht nicht wirklich weniger militärisch aussehen, doch er wirkt dadurch etwas weniger bedrohlich. Wobei auch unsere entspannte Art, Ayla, das herumliegende Stand-Up-Paddle und unser Bier- und Weinvorrat wenig nach Militärcamp aussehen, oder?

Doch das dänische Militär setzte ihn wohl eher sporadisch ein, denn von seinen 35.000 Kilometern, die er aktuell offiziell auf dem Tacho stehen hätte, fuhr Kurt nur 7600 Kilometer beim Militär. Für sein stolzes Alter nun wirklich noch nicht viel. Ein besonders schneller Gefährte ist er auch nicht, denn mit 136 PS, ca. 5700ccm Hubraum und etwa 6,2 Tonnen liegt seine Höchstgeschwindigkeit bei 87 km/h. Ohne Rückenwind. Doch du kannst uns glauben, wenn man sich ein solches Fahrzeug kauft, ist man nicht daran interessiert, schnell an seine Ziele zu kommen. Mein VW T4, Kurts Vorgänger, mit 68 PS, lehrte mir mehr Ruhe im Straßenverkehr und bat mir ein unwahrscheinlich schönes Fahr-/Reisegefühl. Sind wir mit Kurt unterwegs, fahren wir nahezu keine Autobahn. Wozu auch? Für uns ist die Reise selbst das Ziel, weshalb wir so viel wie möglich von der Umgebung um uns herum sehen möchten. Die Reisegeschwindigkeit war zunächst ungewohnt für Linda, so war sie doch Entfernungen und Routendauer eines PKWs gewohnt. Doch die Entschleunigung während eines Roadtrips, das gemütliche Tempo sowie der weite Ausblick aus der Frontscheibe des LKWs machen jede Fahrt zu einem Erlebnis, ganz gleich, wie oft wir bereits unterwegs waren. Säßen wir jetzt an einem Stammtisch, und hätte das Gespräch nicht mit: „Wie viel brauchen' des Ding?" begonnen, würden wir uns spätestens jetzt der Frage nähern, wie viel unser Kurt überhaupt verbraucht. Nun gut, schauen wir uns die aktuellen Dieselpreise an, ist diese Frage durchweg berechtigt und die Antwort nicht sonderlich überraschend. Unser Kurt verbraucht je nach Route zwischen 18 und 25 Liter auf 100 Kilometern. Stolzer Verbrauch und ja, das wissen wir. Wir könnten nun chronologisch weiter die Fakten zum Fahrzeug selbst abarbeiten, doch würden wir dies an einem Stammtisch tun? Eher nicht, man spricht über die Sichtweisen und Gedanken zu den einzelnen Themen. Und so antworte ich meist mit einem kleinen Rechenbeispiel auf diese Frage.

Milchbubenrechnung

Hoher Verbrauch
Selbstbestimmtheit
Fahrgefühl
Tolle Community

Unser bestmögliches Urlaubsgefühl

Natürlich sind 20 Liter ein hoher Verbrauch und zur aktuellen Zeit sehr teuer. Zumal wir oftmals 300 bis 400 Kilometer Landstraße pro Tag fahren. Jedoch bleiben wir, wenn wir einen schönen Platz gefunden haben, auch mehrere Tage und so „sinkt" natürlich auch der tägliche Bedarf an Kraftstoff. Außerdem ist uns das Gesamtpaket wichtiger.

„Lohnt sich das denn? Das ist doch voll teuer!", setzen die meisten uns entgegen. Und die Antwort ist „Ja!". Ja, es lohnt sich, wenn man zwei Aspekte bedenkt. Würdest du in den Urlaub fahren wollen, hättest du immer Beförderungskosten. Sei es der Kraftstoff oder vielleicht sogar ein Flug und es käme die Unterkunft hinzu, die wir einsparen. Hinzu kommt, dass der Dieselpreis nicht in allen Staaten gleich ist und man durchaus in einigen Ländern günstiger reisen kann. Auf unserem Roadtrip in Polen konnten wir dies bereits deutlich spüren, da der Diesel in Polen erheblich günstiger war als in Deutschland. Und dann gibt es da noch die persönliche Komponente. Stell dir vor, du schläfst jeden Tag in deinem ***eigenen*** Bett, du kombinierst das Gefühl von Fern- ***und*** Heimweh. Jeder kennt es, man ist zu Hause und möchte weg, man ist weg und möchte früher oder später wieder nach Hause. Wir sind so gesehen immer daheim und sind trotzdem auf Reisen. Dieses Gefühl, auf Reisen und doch zu Hause zu sein, ist unvergleichlich.

Gut, damit hätten wir die Frage mit dem Verbrauch geklärt, kommen wir jetzt doch mal auf das Thema „Äußerlichkeiten“ im anderen Sinne zurück. Ein LKW hat es an sich, groß zu sein. Dennoch ist es direkt vor dem eigenen Auge eine andere Dimension als aus der Ferne. Nimmt man im Führerhaus unseres Kurts platz, befindet man sich fast auf einer Höhe wie die Fahrer von 40-Tonnern. Kurt ist 6,30m lang, 2,27m breit und fast 3,80m hoch.

Er ist auf 7,49 Tonnen zugelassen und wiegt aktuell abreisefertig etwa 6,2 Tonnen. Für unsere Reise nach Afrika können wir also noch einiges zuladen. Diesen Puffer benötigen wir auch, denn ich möchte noch einige Sachen ändern. Ein größerer Tank, eine Halterung für das Ersatzrad, ein größerer Frischwassertank und mehr Schränke, werden noch einiges an Gewicht in Anspruch nehmen.

Zwei Jahre sind nun mal auch eine andere Hausnummer als vier Wochen zu verreisen. Hier kommen wir zur nächsten üblichen Frage. „Warum wurde es ausgerechnet dieses Fahrzeug?“. Nun ja, ein Fahrzeug zu finden, in dem man leben kann, ist nicht leicht. Ein Fahrzeug unter 7,5 Tonnen zu finden, ist noch schwerer. Für diejenigen, die sich nur wenig mit Führerscheinklassen auskennen, mich eingeschlossen, ist zu erwähnen, dass die meisten aus der Generation unserer Eltern Kurt noch fahren dürfen, da er unter 7,5 Tonnen schwer ist. Bitte nagelt mich aber nicht auf dieser Aussage fest. Solltet ihr noch einen solchen Führerschein besitzen, fragt am besten einen Fahrlehrer ob euer Eintragungsdatum noch die Führerscheinklasse C1 enthält.

Unsere Generation benötigt nämlich genau diesen Führerschein, um Kurt fahren zu können. Ich besitze diesen bereits durch meine Arbeit. Logisch, sonst könnte ich keinen Rettungswagen fahren. Diese sind bei uns etwas schwerer, da sie mit Allrad ausgestattet sind.

Hätten wir ein Fahrzeug über 7,5 Tonnen gewählt, wäre noch einmal Fahrschule angesagt gewesen, die nicht nur kosten- sondern auch zeitintensiv ist. Besonders, wenn wir beide den Führerschein machen müssten. Linda kommt nicht drum herum, einen C1-Führerschein zu machen, denn mit dem gewöhnlichen PKW-Führerschein darf sie Kurt nicht fahren. Hier kommen wir zu einem weiteren Punkt unserer Vorbereitung. Bevor wir abreisen, müssen wir beide den Führerschein besitzen. Wir hoffen natürlich nie, dass uns etwas passiert oder ein Notfall eintritt. Doch sollte einer von uns beiden aus den verschiedensten Gründen plötzlich nicht fahren können, ist es unverzichtbar, dass der Andere fahren kann. Somit heißt es für Linda im nächsten Frühjahr noch einmal ab auf Fahrschul-Bank.

Nachdem Kurt im Militär ausgedient hatte, geriet er laut Aussagen unseres Vorbesitzers, über einen Kontaktmann der Steel Buddies, nach Deutschland. Von diesem Kontaktmann erwarb unser Vorbesitzer den alten Truppentransporter und stattete ihn mit einem Wohnkoffer aus. Diesen Koffer gestaltete er von innen wie folgt:

Schlafzimmer und Stauraum

Gasherd und Spüle

Ess-/Arbeitstisch

Eine weitere Frage die uns häufig gestellt wird:

„Woher weisst du denn so viel über Fahrzeugausbau?“

Und da möchte ich meinem VW T4 namens Albert kurz ein paar Seiten in diesem Buch spendieren.

Er hat mir schließlich zwei tolle Jahre geschenkt und mir die ganze Sache Camping erst so richtig schmackhaft gemacht.

Albert, mein Campervan

Als ich 2018 das erste mal mit meinem Auto und einigen Freunden einen Roadtrip gemacht hatte, genossen wir die Zeit sehr. Wir schliefen unterm Sternenhimmel am Strand, mit Hängematten in Bushäuschen und kochten mit geöffneter Heckklappe im Kofferraum meines Autos. Klingt geil, war es auch, aber es war vor allem eins: arschkalt! Zumal wir auch einfach keinen Platz hatten. 5 Jungs in nem Škoda Fabia ist schon etwas kuschlig und zum schlafen ungeeignet. Außerdem waren wir überhaupt nicht vorbereitet denn der Trip entstand ungefähr folgendermaßen:

Hey! Ich fahre ans Meer. Lust mitzukommen?

Hey! Ja klar!

Kann ich noch nen Kumpel mitbringen?

Sehr gern!

Am Ende waren wir zu fünft… .

Nach diesem Trip folgte 2019 eine kleine Tour durch Deutschland. Eigentlich wollte ich alleine fahren, doch als ich Eden, eine gute Freundin, besuchte und wir etwas ins Gespräch kamen, entschlossen wir uns kurzerhand zu zweit zu starten. Ihr tat die Natur gut und sie hatte Zeit abzuschalten und ich wollte meiner Fotografie nachgehen.

Auch wenn dieser Trip ebenfalls wunderschön und abenteuerlich war, die Tatsache jeden Tag das Zelt auf- und ab-

bauen zu müssen war nervig. Es war einfach nicht praktikabel, als Landschaftsfotograf so zu reisen. Und ich bin halt auch einfach faul.

Zuhause angekommen machte ich mir also einen Plan. Auto verkaufen, Bus kaufen, ausbauen, fertig. Doch niemand wollte meinen Fabia haben. Also studierte ich in den kommenden Monaten ab September 2019 sämtliche YouTube-Videos von der Vanlife-Szene. Anfang Februar 2020 fand ich dann doch jemanden, der mein Auto kaufte. Ich war also vorerst auf den Fußbus angewiesen. Es dauerte aber nicht lange. Nach etwa zwei Wochen fand ich meinen Albert. Einen VW T4, Baujahr 2000. Nur mit dem Wissen aus den Videos und meinem Physikhefter begann ich nun mit dem Ausbau. Alles, was ich konnte, brachte ich mir also selbst bei und so war auch der T4 mit allem ausgestattet, was man für eine Reise benötigt. Das wars aber mit der Geschichte von Albert. Es ist schade, dass ich mich dabei so kurz fassen musste, aber Papier ist teuer und in diesem Buch soll es um Kurt gehen. Wenn du mehr über Albert erfahren möchtest, besuche gern unsere Website oder schau dir die Umbau-Videos auf YouTube an.

Bei Kurt hatten wir das Glück, dass unser Vorbesitzer den Ausbau bereits in großen Teilen übernommen hatte. Kurt verfügt über eine vollständige Küchenzeile mit vier Herdplatten, die mit Gas betrieben werden. Auch ein Kühlschrank war bereits eingebaut. Es gibt jede Menge Schränke und einen Tisch, an dem wir arbeiten und essen können. Unter unserem Bett ist die Elektrik, der Wassertank und nochmal jede Menge Stauraum und der Strom kam entweder aus den 300 Watt Solarpanels oder per Landstrom.

Doch was ist seitdem an Kurt passiert? Unsere erste Amtshandlung bestand darin eine Probefahrt nach Hessen zu machen. Darüber wirst du allerdings im nächsten Kapitel noch einiges lesen. Ich wollte wissen, wie sich so ein Fahrzeug fahren lässt, wie man bereits darin leben kann und was wir noch benötigen, um lange Reisen durchzuführen. Es war keine Generalprobe wie unser Roadtrip nach Polen, sondern viel mehr eine Kennenlern-Fahrt.

Wir lernten Kurt kennen und lieben. Es war schön, dass bereits so vieles ausgebaut war, sonst hätten wir wahrscheinlich dieses Jahr noch gar nicht so viel mit unserem LKW verreisen können. Doch wir stellten auch schnell fest, dass noch einiges an Arbeit auf uns zukam. Der Strom, der von den Solarpanelen gewonnen werden konnte, reichte bei Weitem nicht für unsere Zwecke aus. Unser Ziel ist es, von unterwegs zu arbeiten. Wir bearbeiten Fotos, drehen Youtube-Videos oder schreiben Blogeinträge. All diese elektronischen Geräte benötigen zwar nicht viel Strom, aber Sonnenenergie als alleinige Stromquelle ist dann doch nicht ausreichend. Jedenfalls nicht an Tagen mit schlechtem Wetter und lediglich 300 Watt Solar auf dem Dach. So fiel die Entscheidung schnell, einen Ladebooster zu verbauen, damit auch das Fahren Strom erzeugt. Zudem habe ich einen besseren Solar-Laderegler verbaut, um die Effizienz zu steigern und zusätzlich einen Wechselrichter damit wir 230V haben. Darüber sind wir auch sehr froh, denn seitdem können wir problemlos von unterwegs fast alles genau so nutzen wie auch zuhause. Ob es mutig war, diesen selbst einzubauen? Definitiv. Es dauerte lang, denn ich musste mich intensiv damit beschäftigen, um keinen Fehler zu machen. Die Arbeit mit Elektrizität verzeiht wenig bis keine Fehler. Letzten Endes habe ich aber auch meine Verkabelungen noch mal von einem Elektriker prüfen lassen und erst, als er sein „OK“ gab, alles an den Strom angeschlossen. Empfehlen kann ich diese Vorgehensweise aber auf keinen Fall.

Ein weiterer großer Punkt war der Behälter unseres Abwassers. Dieser war immer sehr schnell voll, obwohl wir schnell lernten, so wenig Wasser wie möglich zu verwenden. Wenn der Kanister voll war, mussten wir ihn immer nach draußen befördern. Diese Arbeit erleichterte ich uns, indem ich einen Abfluss verlegte, damit unser Abwasser direkt nach draußen laufen kann. Jetzt können wir jederzeit an den passenden Plätzen unser Abwasser direkt ablassen.

In Sachen Kühlung quartierten wir die große Kühlbox aus dem T4 mit unter unser Bett. Somit haben wir noch etwas mehr Platz für Lebensmittel, wenn wir unterwegs sind. Ok, ehrlich gesagt war sie für Bier und das Festival gedacht. Auch die Trockentrenntoilette aus dem T4 durfte mit umziehen.

Aktuell bereiten wir uns immer weiter auf unsere Reisen vor. Es dauert zwar noch einige Zeit bis wir sagen können, dass Kurt für eine Fernreise bereit ist, aber fürs Erste sieht es schon ganz gut aus. Um aber auch bei Kälte etwas gemütlicher unterwegs sein zu können, ist eine unserer nächsten Aufgaben die Standheizung. Anfang November konnte ich bereits die Halterung für die vier Sandbleche anbringen, auch wenn wir diese im Moment noch nicht brauchen, war es uns wichtig, zeitnah welche an Board zu haben, denn während unseres Roadtrips nach Polen lernten wir Jürgen und Birgit kennen, die es uns nahe legten, den Umgang mit diesen Teilen zu lernen und sie immer mit dabei zu haben.

Die beiden lernst du aber noch im Laufe dieses Buches kennen, weshalb wir an dieser Stelle hier noch nicht zu viel verraten möchten. Was wir dir allerdings verraten können, die beiden sind uns hinsichtlich ihrer Reise-Erfahrungen um Welten voraus. Besonders Jürgen bereiste viele Jahre lang den afrikanischen Kontinent. Über Sand zu fahren, ist an Schwierigkeit kaum zu übertreffen, so unvorhersehbar und gleichzeitig faszinierend. Doch wenn man sich in der Wüste nicht tagelang festfahren möchte, benötigt man Sandbleche. Diese konnten wir glücklicherweise bereits kostengünstig erwerben. Neben der Standheizung wird einer der nächsten Schritte sein, dass wir uns um Ersatzräder und eine geeignete Befestigung kümmern. Wir müssen, auch wenn wir es nicht hoffen, immer vom Worst Case ausgehen: Was passiert, wenn wir fernab der Zivilisation auf uns allein gestellt sind? Aus diesem Grund müssen wir auch überlegen, wo wir unsere Ersatzräder platzieren. Ich rede von Rädern, weil wir vorhaben, zwei mitzunehmen.

Jedenfalls zwei Reifen und eine Ersatzfelge, wie wir es genau machen, wissen wir noch nicht.

All diese Arbeitsschritte müssen sorgfältig durchdacht sein, um uns selbst im Falle eines Falles bestmöglich helfen zu können, gleichzeitig jedoch auch realistisch zu bleiben. Ich lebe gern nach den Worten: „Lieber man hat, als man hätte." Und auch wenn ich ein sehr spontaner und risikobereiter Mensch bin, bin ich dennoch nicht scharf darauf, in der Wüste bei 50 Grad Celsius von oben und unten gebrutzelt zu werden. Doch da helfen uns Worte von Jürgen, Birgit, Joana und Joshua.

Joana und Joshua sind mit ihren Motorrädern ebenfalls schon viele Jahre in der Welt unterwegs gewesen, ebenfalls in Afrika und berichteten uns bei einem spontanen Wiedersehen nach ihrer Rückkehr im September 2022 abermals über die Hilfsbereitschaft dieser Welt.

Und dann gibt es da noch unser Gepäck. Aktuell reduzieren wir uns so weit wie nur möglich. Wir versuchen uns räumlich zu verkleinern, indem wir während des Verfassens dieses Buches unsere Wohnung umräumen und uns von den nicht lebensnotwendigen Sachen und Möbeln nach und nach trennen. Wir gewöhnen uns an den Verzicht und wir reduzieren unser Eigentum. Der Platz im LKW ist begrenzt.

Wir müssen uns auf ein minimalistischeres Leben einstellen und uns immer weiter mit der Technik dieses Fahrzeugs

auseinandersetzen. Du merkst, es kommt noch viel Arbeit auf uns zu. Doch das ist völlig in Ordnung. Ein mir bekannter LKW-Mechaniker sagte anfangs zu uns: „Gerade, weil ich Fahrzeuge dieser Art kenne, hätte ich es nicht gekauft. Doch ich finde es geil, dass ihr es trotzdem gemacht habt." Dies unterstreicht nunmehr, dass die Unterhaltung eines LKWs durchaus komplex ist. Wir halten es jedoch nicht für unmöglich, solange die Motivation vorhanden ist, aus dem bürgerlichen Leben eine Zeit lang auszusteigen.

Kein Aufwand sollte zu hoch für die Erfüllung der eigenen Träume sein. Liebe Männer und Frauen (ja, wir sollten aufhören, stereotypisch zu denken), ich hoffe, euch hat das Kapitel einen interessanten Einblick geben können und bewirkt, dass die weniger Technik-Begeisterten nun nicht vor Langeweile vom Stuhl gefallen sind und trotzdem weiter lesen. Das nächste Kapitel wird emotional und herzerwärmend. Hundefreunde, aufgepasst!

HUNDE-ELTERN

Kennst du eigentlich schon unsere Ayla? Vielleicht hat du sie bereits auf dem einen oder anderen Instagram-Foto von uns sichten können. Vielleicht kommst du auch aus unserer Region und hast uns schon einmal bei der Gassirunde gesehen. Doch sollte nichts davon der Fall sein, werden wir sie dir nun vorstellen. Viele Menschen fragten uns bereits, wie sich ein Leben mit Hund in einem LKW gestaltet. Nun ja... Das wussten wir auch nicht so genau. Doch wir wussten, dass wir uns dieses Leben ohne einen Hund nicht vorstellen können.

Ursprünglich ging alles mit Fredo los. Ihn durftest du bereits kennen lernen. Doch soll ich dir etwas sagen? Ein ganzes Buch würde diesem Hund nicht gerecht werden. Fredo war für mich kein Haustier, das man gelegentlich knuddeln kann. Er war mein engster Vertrauter. Mein Weggefährte und das wichtigste Geschöpf in meinem Leben. Fredo

machte mich zu einem besseren Menschen. Wie viele Tränen hat dieser Hund getrocknet, für die er gar nicht verantwortlich war. Und wenn mir das Leben manchmal zu viel war und ich mich gefragt habe, wofür man eigentlich jeden Tag kämpft, stupste mich seine feuchte Nase an und ich wusste, dass dieses kleine Lebewesen mich braucht und ohne mich nicht leben kann. Seine mandelförmigen Augen gaben mir immer wieder die Kraft, weiter zu machen. Fredo hat mich gerettet in jeder Hinsicht, wie man einen Menschen retten kann. Er gab mir in jedem dunklen Tag meine Lebensfreude zurück.

Wenn ich ihn von der Leine ließ, rannte er seine Kreise über die Wiesen und war so glücklich, dass er mich nur durch seine Präsenz lehrte, jeden Augenblick zu genießen. Sein Herz war gefüllt von Liebe. Fredo war es egal, wie jemand aussah oder was jemand in seiner Vergangenheit falsch gemacht hat. Wer gut zu ihm war, wurde mit Hundeküssen und Spielaufforderungen empfangen.

Leben mit Hund... Wir wagen zu behaupten, wer einmal mit einem Hund gelebt hat, wird nur schwer ein Leben ohne Hund führen können. Wir sind beide mit einem Hund im Haushalt aufgewachsen. So stand für mich sehr schnell nach meinem Auszug aus dem Elternhaus fest, dass ich auch in meinen eigenen vier Wänden einen Hund an meiner Seite nicht nur möchte, sondern auch brauche. Die Wahl fiel schnell auf Fredo. Ich war jung und naiv. Okay, mit knapp 26 Jahren ist man immer noch jung, aber deutlich weniger naiv als mit Erreichen der Volljährigkeit. Die Hunderasse war mir egal. Süß musste er sein und aktiv und liebevoll. Die Wahl fiel schnell auf einen Jack Russell Terrier, was im Nachhinein völlig verrückt war. Ich hielt es nicht für nötig, mich großartig mit der Hunderasse und deren Wesen zu befassen. Sonst hätte ich deutlich früher festgestellt, dass ein Jack Russell definitiv alles, außer ein Anfängerhund ist. Doch was gab ich ihm mit auf den Weg? Die beste Hundeerziehung definitiv nicht. Kommandos befolgte er nach Lust und Laune und „Sitz" oder „Platz" konnte er nur schwer voneinander unterscheiden. Doch er war das liebevollste Wesen auf der Welt.

Zwischen uns existierte ein imaginäres Band, das so eng gestrickt war, dass es unmöglich reißen konnte. Wir verstanden uns ohne Worte. Waren wir allein in meiner Wohnung, redete ich den ganzen Tag mit ihm, als würde ich mit einem Menschen zusammen leben. Und glaub bloß nicht, ich konnte auch nur den Raum verlassen, ohne dass er zumindest schauen musste, wohin ich gehe. Doch selbst eine mehrstündige Abwesenheit nahm er mir nie übel. Ich kam zurück und die Freude war so groß, dass erst mal fünf Minuten durch die Wohnung gerannt werden musste, bis ein Spielzeug geholt wurde, dass ich meine ungeteilte Aufmerksamkeit nun ihm widmen konnte. Fredo sprühte vor Lebensfreude. Doch, was die Menschenkenntnis anbetraf, war er mir weit voraus. Fredo spürte bereits bei der ersten Begegnung, wer gut oder böse war. Es traten Menschen in mein Leben, die konnte er einfach nicht leiden. Ich verstand oft gar nicht, warum und ermahnte ihn, wenn er sein Unbehagen durch Knurren oder Bellen zum Ausdruck brachte. Doch im Nachhinein war es oft wie bei den eigenen Eltern. Er hatte immer recht.

Es gab Gründe dafür, wenn Fredo einen Menschen nicht mochte und anfassen durfte ihn erst recht nicht jeder. Er war Fremden gegenüber deutlich misstrauischer als ich und dieser Hund passte auf mich auf. Keiner durfte in meine Nähe, wenn er damit nicht einverstanden war. Sehr zum Leidwesen von Sandro zu Beginn der Partnerschaft. Fredo brauchte oft Monate bis er Menschen sein Vertrauen schenkte.

Als Sandro kurz vor Weihnachten den Entschluss fasste, Fredo in seiner Wohnung eine komplette Hunde-Ausrüstung zu kaufen, akzeptierte Fredo sein zweites Zuhause plötzlich sehr schnell und er fühlte sich in Klingenthal so wohl, dass ich ihn bedenkenlos mitnehmen oder während meiner Arbeitszeit bei Sandro lassen konnte. Ich muss allerdings betonen, dass mein Seelenhund sehr anpassungsfähig war. Ihm war es völlig egal, wo er schlief, solange er seine geliebten Menschen um sich herum hatte. Wie fasst man die Verbindung zwischen Fredo und mir am besten zusammen, sodass Fremde deren Tragweite verstehen?

Mein Vater hat das kürzlich ganz gut geschafft, indem er sagte: „Fredos Leben drehte sich nur um dich und wenn du nicht da warst, darum, auf dich zu warten. Er wusste bereits von Weitem, wenn ein Auto kam, ob es deins war und begann aufgeregt zu winseln. Ich weiß nicht, wie er es gemacht hat. Für mich klingt jeder TDI-Motor gleich.“. Doch wie sind wir vom frisch verliebten Paar zu Hundeeltern geworden?

Ganz einfach. Für mich stand immer fest, wer mein Partner werden möchte, muss bedingungslos mit meinem Hund zurechtkommen. Mein Hund war vor jeder Partnerschaft schon da und er würde unabhängig vom Verlauf einer Partnerschaft immer bei mir bleiben und für mich da sein. Mich gab es nur mit Hund oder gar nicht. Doch das war für Sandro nie ein Problem. Er wuchs selbst mir einem Familienhund auf, genau wie ich. Er wusste, wie wunderschön ein Leben mit Hund ist und er war bereit, einen fremden Hund in sein Herz zu lassen. Kurz gesagt, er adoptierte Fredo sehr schnell.

Und wir reden hier von einem Hund, der ein völliges Mamakind war und mit Frauchen zusammen im Bett schlief. Für Sandro stand es nie zur Debatte, meinen Hund aufgrund seiner Anwesenheit nicht im Bett schlafen zu lassen. Nur hinsichtlich der Hundeerziehung waren wir uns nicht immer einig. Während Sandro konsequenter in der Hundeerziehung ist, bin ich durch große Hundeaugen sehr schnell

besänftigt, selbst wenn gerade an meinem Lieblings-Turnschuh herum geknabbert wurde. Doch wir wuchsen zu dritt zusammen. Sandro und Fredo lernten einander lieben, auch wenn Fredo es liebte, Sandro gegenüber das letzte Wort zu haben. Wurde er von ihm ermahnt, hörte Fredo durchaus auf Sandro. Doch seinen Unmut darüber, auf ihn hören zu müssen, drückte er durch knurrenden Gehorsam aus. Das letzte Wort hatte jedenfalls immer Fredo. Wir waren liebevolle Hundeeltern, jeder auf seine Art und Weise. Wir liebten die Natur und wir waren jede freie Minute unterwegs. Und dann kam Kurt. Zu einem Leben mit Hund gehören auch Reisen mit Hund. Für uns stand fest, dass unser Hund sich genauso in dem Fahrzeug wohlfühlen muss wie wir. Während Sandro von Beginn an relativ zuversichtlich war, hatte ich einige Bedenken. Ich wusste, dass Fredo super anpassungsfähig war, doch er war zuvor nur einmal mit mir länger verreist. Alle anderen Urlaube verbrachte ich ohne ihn und er blieb bei meinen Eltern oder meiner Oma. Auch meine Eltern zeigten sich zunächst etwas skeptisch, da Fredo kaum Reise-Erfahrung hatte. Und so beschlossen wir, eine Art Generalprobe für einen Roadtrip mit Hund durchzuführen.

Wir planten eine einwöchige Reise in Sandros Heimatort nach Hessen, um erste Erfahrungen mit unserem LKW unterwegs zu sammeln und um Fredo an längere Campingreisen zu gewöhnen. Zunächst bekam er eine Hundeausrüstung im LKW mit genau den gleichen Gegenständen wie in der Wohnung. Schließlich sollte es ihm an nichts fehlen. Zudem schliefen wir so oft wie möglich im LKW, um Fredo vor der Reise an die neue Wohnsituation zu gewöhnen. Fredo schlief bereits in der ersten Nacht friedlich auf dem Rücken und ließ sich von uns den Bauch streicheln.

Ich muss allerdings auch betonen, dass wir mit Fredo hinsichtlich seiner Anpassungsfähigkeit absolutes Glück hatten. Dies kann mit Sicherheit auch anders laufen. Ich habe es seit Fredos Welpenalter bereits so gehandhabt, dass ich ihn -abgesehen von längeren Reisen- überall hin mitgenommen habe, wo ich ihn auch nur irgendwie mitnehmen konnte. Er war es gewohnt, viel unterwegs zu sein und er war es gewohnt, auch einmal allein zu bleiben oder von mir einige Stunden getrennt zu sein. Das war mir sehr wichtig, denn wenn ich arbeiten oder in der Uni war, verbrachte Fredo viel Zeit bei meinen Eltern und meiner Oma. Umso größer war seine Freude, wenn ich ihn nach einem anstrengenden Tag wieder nach Hause holte. Doch zurück zum Thema „Reisen mit Hund- leben mit Hund“. Wir starteten den Versuch Anfang Mai und fuhren mit Fredo weg. Während Sandro noch mit den Nachwirkungen seiner Corona-Infektion zu kämpfen hatte, war meine Angina der Vortage noch längst nicht vorbei. Das heißt, wir waren beide nicht wirklich gesund.

Trotz allem oder gerade deshalb benötigten wir dringend eine Ladung unserer Akkus durch viel Zeit in der Natur. Wir mussten uns erst an die längeren Fahrten gewöhnen. Wir waren auf die Fahrzeit mit einem PKW eingestimmt, doch diese Zeiten waren vorbei. Schnell gewöhnten wir uns daran. An das Gefühl, nicht auf ein festes Ziel schnellstmöglich zuzusteuern, sondern die Reise selbst als Ziel zu betrachten. Wir mieden die Autobahn und fuhren nur auf Landstraßen. Wie viele wunderschöne Orte man findet, wenn man keine Zeit mehr auf der Autobahn verbringt! Wir kamen im Haunetal an und hier zeigten sich bereits erste kleinere Barrieren für eine längere Reise mit Hund. Wie die meisten Hunde, hatte auch Fredo ein Problem mit

Treppen, welche Raum zum durch schauen lassen- offene Treppen. Er hatte anfangs große Angst, die Treppe in den LKW zu besteigen. Besonders nach unten ging er die Treppe nicht gern. Doch diese Angst war glücklicherweise nach einigen Versuchen schnell behoben. Ein weiteres Problem war zu Anfang, dass Fredo es liebte, Türen zu öffnen oder selbstständig alles zu erkunden. So kam es dazu, dass wir immer und überall den LKW absperren und ihn daran hindern mussten, selbstständig die Tür zu betätigen. Auch in unser hohes Bett kam er nicht allein. Doch er war glücklich. Fredo war überall glücklich, solange er seine geliebten Menschen um sich herum hatte. Er konnte überall frei gelassen werden. Nie wäre er auf die Idee gekommen, auch nur einmal wegzulaufen, wenn er mit uns unterwegs war. Ich kann definitiv sagen, wir hatten wunderschöne Tage.

Eines Abends übernachteten wir auf einer Wiese im Haunetal, welche in einen beschaulichen Dreiseitenhof mündete. Die Wiese zierte der Löwenzahn, die Sonne schien und unsere Wäsche trocknete auf der Wäscheleine. Dieser Moment ist es, als unser Logo entstand. Fredo lag glücklich im Gras, die Zunge leicht heraus gestreckt vor Anstrengung. Acht Runden Frisbee spielen kann auch für einen Jack Russell Terrier sehr anstrengend sein. Ich streichelte ihm zärtlich über den Rücken, er wirkte so glücklich und unbeschwert. Sandro fing diesen Moment vor dem LKW fotografisch ein, verfeinerte dies später und so entstand unser Logo.

Doch zurück zu Fredo. Ja, er war unser kleiner Sonnenschein, der uns stets daran erinnerte, das Leben zu genießen. Er liebte die Sonne und widmete sich gern ausgiebigen Sonnenbädern. Er liebte uns. Lief er ohne Leine etwas weiter weg, drehte er sich alle zehn Meter um und schaute nach, ob Sandro und ich auch bloß hinter ihm her kommen, was uns bei Fredos Tempo und unseren Raucherlungen nicht immer leicht fiel. Fredo war das Wertvollste, was ich hatte, bevor ich Sandro traf und sich die beiden diesen Platz teilten. Er ist ein Teil von mir. Meine erste Tätowierung war ein Portrait von ihm und sein Name. Oft fragte ich mich, was mir dieses Tattoo dazu bedeuten wird, wenn Fredo nicht mehr bei mir ist. Jetzt weiß ich es. Sicherlich konntest du dir auf den letzten Seiten bereits denken, dass hinter der Verwendung der Vergangenheitsform mehr steckt als ein literarisches Mittel und dem ist auch so.

Fredo ist nicht mehr bei mir und es zerreißt mir das Herz, diese Worte schwarz auf weiß zu Papier zu bringen.

Wie viel ich davon bereits schreiben kann, ohne Trigger in mir selbst auszulösen, weiß ich zum Zeitpunkt dieser Zeile noch nicht. Hattest du schon einmal das Gefühl, ein Moment würde niemals enden? Ich hatte dieses Gefühl genau zwei mal. Einmal im Haunetal auf dieser wunderschönen Löwenzahn-Wiese und in den letzten Monaten, welche ich als die härtesten meines jungen Lebens bezeichnen würde. Ich dachte immer, Fredo und ich sei eine unendliche Geschichte. Oder, zumindest realistisch betrachtet, wir würden unser Leben gemeinsam genießen bis ich Mitte dreißig bin. Nein, es war uns nicht gegönnt. Sechs Jahre durfte er werden- mein Seelenhund.

Doch nun ist der Zeitpunkt gekommen, an dem mir Tränen über die Wangen rollen und es mir schwer fällt, weiter zu schreiben. Ich habe darüber nachgedacht, die Geschichte über den Tag von Fredos Tod — Herrgott, wie grausam das klingt — niederzuschreiben. Ich habe mich dagegen entschieden. Wir möchten Lebensfreude verbreiten. Ich möchte dir das enge Band zwischen Hund und Mensch näher bringen. Doch diese Geschichte veränderte mein ganzes Leben. Wir waren etwa eine Woche aus Hessen zurück. Es war ein Mittwoch Nachmittag. Ich werde dir ersparen, wie unser überall geliebter Hund in den letzten Minuten seines Lebens leiden musste. Doch ich werde dir die für mich zuvor unbegreifliche Wahrheit über Menschen erzählen. Fredo war ein kerngesunder Hund. Wir waren eine Woche zuvor mit ihm beim Tierarzt, der dies bestätigte. Fredo hätte nicht sterben müssen. Die Todesursache war eine Vergiftung, verursacht durch eine mir bis heute unbekannte Person.

Vermutlich ist dies auch besser so, denn nichts auf der Welt rechtfertigt es für mich, Giftköder auszulegen, um wehrlose Tiere zu töten. Doch eine Bilanz zog ich daraus schmerzlich und unmissverständlich. Mein Lieblingshörspiel aus Kindertagen schoss mir in den Kopf- „Reiterhof Dreililien“ und ein Zitat des Protagonisten, welches ich als Kind nie verstand und nun als Erwachsene in meinem Schmerz mehr als nur fühlte:

„Kein Geschöpf auf dieser Welt kann so unglaublich böse sein wie der Mensch. Und manchmal sind die Menschen gar nicht mal bewusst böse, sondern einfach nur egoistisch und gedankenlos. Sie sind oft grausam, ohne zu begreifen."

- Hörspiel „Reiterhof Dreililien"

Kann ein Mensch wirklich in der Lage dazu sein, aus purem Egoismus zu töten? Ich weiß es nicht. Ich kann mir nicht vorstellen, wie jemand so grausam sein kann. Ich kann es nicht, obwohl man Menschen in meinem Beruf vermutlich den verständnisvollsten Charakter zuschreibt. Doch mit dieser menschlichen Grausamkeit verlor ich den Glauben an das Positive in Menschen und was danach folgte, waren die schlimmsten Monate meines Lebens. Ich wurde krank. Meine Trauer mündete in eine Depression und im Nachhinein betrachtet war ich aufgrund dieses Verlustes nicht mehr weit von der Notwendigkeit eines Klinikaufenthaltes entfernt. Die Trauer um Fredo stürzte mich in ein tiefes Loch. Ich entwickelte eine grundlegende Aggression gegen Menschen, sodass es mir zeitweise kaum noch möglich war, meine Gefühle zu regulieren. Die kleinsten Dinge brachten mich zum Weinen oder lösten in mir unstillbare Wut aus.

Jede Zusammenkunft von mehr als zwei Menschen um mich herum war mir zu viel. Gesprächen konnte ich nicht länger als zehn Minuten folgen, da sie mich unglaublich anstrengten. Ich zog mich zurück, immer mehr und redete mit keinem mehr länger, außer mit Sandro. Und selbst mit ihm redete ich immer weniger, um ihn nicht täglich mit meiner Trauer zu konfrontieren.

Doch manchmal ist Trauer auch ein Neuanfang. Fredo war nun einige Tage tot und es war der erste Abend, an dem ich mich der Schönheit meines Umfelds wieder öffnen konnte. Wir fuhren von meiner Familie nach Hause, die ersten Sonnenstrahlen des Sommers drückten sich durch die Bäume und die Golden Hour war gerade eingetroffen, als Sandro vom Lenkrad zu mir rüber schaute und mich fragte: „Was ist, wenn deine Oma recht hat und wir uns wirklich jetzt schon einen Hund holen sollten?“. Mir wurde heiß und kalt zugleich. Ich wusste, dass Oma recht hatte, als sie sagte, es würde mir besser gehen, wenn ich einem kleinen Lebewesen ein schönes Leben beschere. Doch jetzt schon? War ich bereit?

Wäre Fredo enttäuscht von mir, wenn er vom Himmel zu mir herunter schaut und mich mit einem anderen Hund sieht? All diese Gedanken gingen mir durch den Kopf. Doch ich wusste, meine Oma hatte recht, Sandro hatte recht, unsere Freunde hatten recht. Ein Leben ohne Hund, das war keine Option. Ich wusste gar nicht, wie ein Leben ohne Hund sein soll. Seit ich denken konnte, lebte ich mit einem Hund zusammen. Sandro ging es genauso. Er war der kühlere Kopf, der mich auffing. Er ging mit Trauer anders um als ich. Für ihn gehört der Tod zum Leben. Zu oft wurde er in seinem Beruf mit der Sterblichkeit konfrontiert.

Er trauerte leiser und akzeptierte es schneller als ich es konnte. Doch immer wieder betonte er, wie heftig es ist, dass dieser Hund ihm in nur einem halben Jahr sein Herz gestohlen hat und er diesen kleinen Hund kennen und lieben lernte. Am Tag nach dieser Überlegung schauten wir uns gemeinsam Hundewelpen an. Wir suchten in Tierheimen unserer Umgebung, doch nirgends gab es Welpen. In der Vergangenheit wurden wir des Öfteren dafür kritisiert, dass wir unbedingt einen Welpen haben wollten und noch dazu einen Hund haben, der nicht aus dem Tierheim kommt. Kurzes Statement dazu folgt jetzt. Wir lieben das Reisen und es war wunderschön, wie unkompliziert das mit Fredo funktionierte. Wir waren auf der Suche nach einem Hund, mit dem wir genauso verreisen können. Die Entscheidung fiel auf einen Welpen. Warum? Ein Welpe ist deutlich anpassungsfähiger als ein ausgewachsener Hund, der bereits seine Lebensgewohnheiten verfestigen konnte.

Wir brauchten einen Hund, den wir von Anbeginn an ein Leben im LKW auf begrenztem Platz gewöhnen konnten. Ein Hund, der zu unserer Lebensphilosophie passt und mit diesem Lebensmodell genauso glücklich wird wie seine Menschen. Am Ende wurde es kein Hund aus dem Tierheim, da es keine Welpen gab und wir den besonderen Ansprüchen eines Hundes mit einer meist tragischen Vorgeschichte mit unserem Lebensstil nicht gerecht geworden wären. Diesmal beschäftigten wir uns auch mit der Hunderasse, nicht wie mein 19-jähriges Ich damals. Wir einigten uns auf einen Border Collie.

Hundeanfänger waren wir mittlerweile beide nicht mehr und ein aktiver, lebhafter Hund, der Abenteuer genauso liebt wie wir, war der perfekte Wegbegleiter für uns. Zugegeben, Sandro wollte schon mit zehn Jahren einen Border Collie, was seine Mutter ihm natürlich nicht erlaubte. Also etwas überreden lassen habe ich mich schon. Und so suchten wir und suchten und suchten und suchten... Zahlreiche zuckersüße Hundewelpen schauten uns durch das Handy-Display an. Doch irgendetwas fehlte. Dieser magische „Das-ist-unser-Hund"-Moment.

Vielleicht waren es unsere Ansprüche, die uns bremsten. Oder die noch tiefe Trauer. Wir wollten nicht einfach einen Hund, dass wir wieder einen Hund haben. Die Suche nach einem Hund ist doch irgendwie ähnlich wie nach der großen Liebe. Oder könntest du dir mit jedem attraktiven, sympathischen Menschen, der dir in deinem Leben begegnet ist, eine Partnerschaft auf Lebenszeit vorstellen? Vermutlich eher weniger. Mal davon abgesehen, dass Menschen nur halb so süß sein können wie das, was du gleich siehst.

Doch genauso, wie ich davon überzeugt bin, dass jeder Mensch einen Seelenverwandten hat, glaube ich daran, dass ein geliebter Hund als Wegbegleiter erst das Leben vollständig macht. Die Suche ging weiter und da war auf einmal dieses kleine Hundemädchen, das uns mehr berührte als alle Welpenfotos der letzten Tage. Ihr Fell stand in alle Richtungen, da sie im Alter von süßen neun Wochen noch Fell hatte, das aus reinster Unterwolle bestand. Kleine, hängende Ohren umrahmten ihr zuckersüßes Gesicht. Den Mund hatte sie auf dem Foto leicht geöffnet. Sie strahlte Zufriedenheit aus und zeigte ein feines Lächeln. Und dann waren da noch diese kleinen dunklen Flecken um ihre Nase, die menschlichen Sommersprossen glichen. Es war um uns geschehen. Mehr als ein Dutzend Welpenfotos haben wir uns angesehen, dann kam ihr Bild und wir stoppte das Scrollen. Ein Border-Collie-Mädchen mit einem geringen Anteil Australian Shepherd im Erbgut sollte nun unser Hund werden. Sie war es und wir fühlten es sofort.

Wir entschieden uns demnach für zwei mal Vollgas. Wer sich mit Hunderassen etwas auskennt, weiß, wovon wir reden.

Was würde Fredo wohl sagen? Sind wir wirklich schon bereit? Dieses kleine Hundemädchen hatte es nicht verdient, Ersatz für unseren geliebten Fredo zu werden. Ganz davon abgesehen, dass es schlichtweg unmöglich ist, ein Lebewesen zu ersetzen. Wir können Seiten aus unserem Buch des Lebens ausreißen, so viele, wie wir wollen.

Das ändert jedoch nichts daran, dass wir sie bereits gelesen haben. Es sind die Erinnerungen, die Mensch und Tier zusammen halten, so lange wir leben.

Fredo hat einen Teil von mir mitgenommen. Meine Zeitrechnung teilte sich auf in die Zeit mit und nach Fredo. Er ist ein Teil von mir. Normalerweise glaube ich nicht an Esoterik, doch manchmal spüre ich seine Präsenz. Er ist immer da. Und manchmal rede ich mit ihm. Vielleicht bin ich verrückt und bilde mir alles nur ein, vielleicht aber auch nicht. Man weiß es nicht.

Wir wollten Fredo zu keinem Zeitpunkt ersetzen, weshalb wir uns bewusst für einen Hund entschieden, der kaum anders sein konnte als er. Eine Hundedame, eine völlig andere Rasse, ein völlig anderer Charakter. Das kleine Hundemädchen mit den Sommersprossen um die Nase war perfekt für uns. Und an dieser Stelle der Geschichte kommt mal wieder das psychologische Phänomen zutage, das Sandro und mich immer wieder zusammen hält. Wir einigten uns darauf, dass sie süß ist und wir darüber nachdenken werden.

Am nächsten Tag hatte ich frei. Sandro hatte einen langen Tag vor sich und ich kochte für ihn ein Mittagessen, das ich ihm zu entsprechender Zeit auf Arbeit vorbei brachte.

Er ließ mich in der Rettungswache rein mit seinem typischen „Sandro führt was im Schilde"-Grinsen. Mittlerweile kenne ich diesen Blick. Dieses ganz besondere Grinsen, wenn er etwas plant und endlich davon erzählen möchte. Ja, genau so schaute er auch an diesem Tag. „Ich hab mal bei der Familie mit den Hundewelpen angerufen. Wir fahren da am Sonntag hin.", stellte er mich vor vollendete Tatsachen. Was viele nun als No Go oder jemanden übergehen verstehen würden, erfüllt mich mit Dankbarkeit. Während ich der Denker in unserer Partnerschaft bin, ist Sandro der Macher. Er denkt auch viel nach, aber neigt nicht wie ich dazu, Dinge zu überdenken, bis man sie am Ende doch nicht durchzieht. Dafür, dass er Entscheidungen für uns gemeinsam trifft, wenn ich mich in meinen Gedanken verliere, bin ich ihm oft dankbar. Und so war es auch hier. Ich war so in meiner Trauer vertieft, dass er mir die Entscheidung abgenommen und sich in wenigen Stunden seiner Abwesenheit ganz still und heimlich um alles kümmern konnte. Nun stand ich hier und würde vermutlich bereits in wenigen Tagen wieder Hundemama sein. Ja, es war richtig und hätte ich die Entscheidung allein treffen müssen, würde ich vermutlich jetzt noch hier sitzen und nachdenken, ob wir schon bereit sind für einen Hund nach Fredo.

Wir setzten uns also am Sonntagmorgen in meinen etwas kaputten, alten Golf und fuhren los. Nun trennten uns nur noch wenige Stunden von unserem kleinen Hundekind. Und du fragst dich sicher, ob wir bereits wussten, wie sie heißen würde, wenn wir sie mitnehmen. Ja, wir wussten es.

Aylas Name ist nicht nur irgendein weiblicher Name, den wir gerade schön fanden. Er hat die tiefste Bedeutung, die wir in ihren Namen nur legen könnten. Er kommt aus der türkischen Sprache. Wie Sandro genau darauf gekommen ist, weiß ich nicht. Doch eine Vorliebe für ausgefallene Namen, lag wohl in seiner Familie. „Ayla" bedeutet „der Mondschein" oder auch „Mondlicht". In unserem Leben war seit Fredos Tod die Nacht eingekehrt und besonders düster waren die Abendstunden und das Nach-Hause-Kommen. Da wartete niemand mehr schwanzwedelnd an der Tür und kramte vor lauter Freude erst einmal sein Lieblingsspielzeug heraus. Da war auch niemand mehr, der sich abends zwischen uns quetschte, um zu verhindern, dass auch nur ein einziger Kuss zwischen uns fällt. Die Leere war es, die unsere Nachtstunden des Lebens verlängerte. Das Leben in unserem Zuhause war stark getrübt. Wir hielten fest zusammen, wir reflektierten viel und wir redeten fast jeden Abend über Fredo. Uns war völlig klar, dass in unserem Leben nicht sofort wieder der Tag heranbrechen würde, doch es war Zeit für ein kleines Licht- für unseren Mondschein, der unsere Nacht so weit erhellt, dass wir unseren Weg wieder sehen. Ayla war wirklich ein kleiner Mondschein, in jeder Hinsicht und sie ist es jeden Tag.

Wir besuchten also unser Hundemädchen und die Spannung stieg mit jedem gefahrenen Kilometer. Als wir die Hausnummer wahrnahmen, zu der uns das Navi führte, konnten wir lauter kleine Hundepfoten durch einen Spalt zwischen einem starken Holztor und Pflastersteinen sehen. Das musste es sein- wir waren uns einig.

Kaum stiegen wir aus dem Auto, hörten wir helle Jauler gepaart mit piepsigen Versuchen zu bellen. Wir waren auf jeden Fall richtig.

Eine herzlich lächelnde Frau öffnete uns und drei kleine Welpen stürmten auf uns zu. Zwei Rüden waren sofort bei uns, sprangen uns gegen die Beine und leckten uns zärtlich die Hand ab. Umgeben zu sein von Hundewelpen ist mit der Ausschüttung an Glückshormonen in etwa mit einem Aufenthalt im Paradies vergleichbar. Jedenfalls für uns. Ayla war anders. Sie war neugierig, interessiert und doch deutlich schüchterner als ihre beiden Brüder. Langsam tappste sie auf uns zu und schnüffelte vorsichtig an unseren Händen, die wir ihr langsam entgegen streckten. Sie war zurückhaltend und doch so liebenswert, dass wir von der ersten Sekunde an wussten, dass wir sie mit nach Hause nehmen. Plötzlich scharrte es an der Haustür. Ein großer, fast vollständig schwarzer Hund mit welligem Fell drängelte, dass ihn nun endlich jemand herauslässt. Das war er also, der Vater unserer kleinen Ayla. Er hieß Max und mir wäre für diesen aufgeweckten, temperamentvollen jungen Rüden kein passenderer Name eingefallen. Max und Ellie heißen Aylas Eltern. Ein Hundepaar, das mich irgendwie an Sandro und mich erinnerte. Max strotzte nur vor Temperament, ging ohne Hemmung auf uns zu und war ununterbrochen voller Tatendrang, während Ellie eher mit ihrer ruhigen, leicht zurückhaltenden Eleganz glänzte und lieber

aus sicherer Entfernung das Treiben beobachtete. Kommt mir irgendwie bekannt vor. Doch wir wollen ja über Hunde und nicht über Menschen reden. Ayla hatte mit ihren neun Wochen starke Ähnlichkeit zu ihrer Mutter. Heute kommt sie von der Statur her etwas mehr nach ihrem Papa.

Nur, dass ihr Fell natürlich noch bei weitem nicht so lang und glatt war. Wir verblieben mit der Familie natürlich nicht ohne ein Kontaktversprechen. Bis heute haben wir hin und wieder Kontakt und tauschen uns darüber aus, wie sich Ayla entwickelt. Und da tat sich wirklich viel in den letzten Monaten. Ayla war in den ersten Stunden sehr schüchtern. Auf meinem Schoß sitzen wollte sie nicht. Doch der Fußraum war okay und an der Autolüftung zu schnuppern auch. Wer nun glaubt, der Hund ist so zurückhaltend geblieben, täuscht sich erheblich. Ihre Fixierung auf ihre Bezugspersonen machte sich bereits in den ersten Stunden bemerkbar, denn Sandro holte Pizza für uns, während ich mit Ayla im Auto wartete. Zu viel Aufregung für das kleine Hundemädchen. Sie fing bitterlich an zu winseln und starrte aus dem Fenster, als würde sie Sandro nie wieder sehen. — Sie kannte ihn jetzt doch schon zwei Stunden! — Und dann war da diese Freude. Hunde sind die liebevollsten Geschöpfe der Welt. Und ich sage dir, es gibt kein schöneres Gefühl als von einem Hund begrüßt zu werden, wenn man zurück kommt. Ich wage zu behaupten, dass sich kein Wesen jemals so freuen wird, dich zu sehen wie dein Hund.

Vermutlich würde dies bei einem Menschen auch äußerst befremdlich wirken. Doch da war jemand, der uns so schnell in sein Herz schloss, dass Sandro beim Öffnen der Autotür das Gesicht abgeleckt wurde als wäre er acht Jahre weg gewesen. Diese kleine Hündin hatte unser Herz im Sturm erobert. Und obwohl sie uns vor lauter Aufregung in ihrer ersten Nacht ins Bett pieselte, hätten wir uns doch immer wieder für sie entschieden.

Sie war das komplette Gegenteil von unserem Fredo und dennoch ist sie wunderbar bis heute. Wunderbar auf ihre eigene Art. Wie oft wir sie anschauen und uns darüber unterhalten, wie schön es doch wäre, beide Hunde an unserer Seite zu haben, kann ich kaum zählen. Fredo war ein Teil von uns und das wird Ayla auch nicht ändern, doch unsere Familie ist an diesem Tag gewachsen. Ich werde nie wieder der Mensch sein, der ich vorher war. Ayla wird ihn nie ersetzen können und das soll sie auch gar nicht. Sie verdient einen neu erschaffenen Platz in unserem Herzen, der noch nie besetzt war, genau wie Fredos Platz nie leer sein wird, auch wenn er nicht mehr bei uns sein kann. Zu sehen, wie sich dieses kleine Hundemädchen täglich entwickelt und irgendwo zwischen Temperament und Kuscheleinheiten immer weiter wächst, macht uns stolz. Sie vervollständigt unsere kleine Familie und macht unser Glück perfekt, denn ein Leben ohne unseren Hund ist so unvorstellbar geworden wie nichts Anderes auf der Welt. Das Leben ist gewiss nicht immer fair. Vergessen werden wir nie, doch wir leben weiter. Wir sind wieder glücklich, auch wenn mich in der einen oder anderen Stunde die Tränen um meinen geliebten Hund überkommen. Detailliert niederschreiben, was passiert ist, kann ich aktuell noch nicht. Zu groß ist der Schmerz, all diese Emotionen in Worte zu fassen. Doch dieses Buch ist ein Anfang.

Da ist unser großes Abenteuer direkt vor unserer Haustür, wonach wir nur Stück für Stück greifen müssen mit einem treuen Hund an unserer Seite und unserem Fredo im Herzen mit Fotos im LKW. Nie werde ich es verstehen, doch ich musste es akzeptieren, um weiter leben zu können.

Und solange ich Sandro und Ayla habe, werde ich nie allein sein, egal, wie groß die Trauer auch sein mag. Fredo wird nie weg sein.

Er ist nur nicht mehr direkt neben uns.

KURT'S JUNGFERNFAHRT

Nun bist du an einem einschneidenden Punkt in unserem Buch angekommen. Wem erzählt man schon mehrere Stunden am Stück seine Geschichte. Monologe sind nicht für die Gesellschaft gemacht. Bücher unterstützen uns im Alleinsein. Sie nehmen uns mit in eine Welt, die nur wir selbst vor unseren Augen sehen können. Wenn du unsere Geschichte liest, wie siehst du uns in deiner Vorstellung? Vielleicht sind wir ja gar nicht die kleine, blonde Frau und der charmante, bärtige Mann in deiner Fantasie, sondern völlig anders. Vielleicht feierst du uns gerade enorm für unsere Offenheit oder sitzt an einem See mit diesem Buch in der Hand und denkst dir nur: „Oh Gott, was für Spinner!". Aber hey, beides ist völlig okay. Und säßen wir uns jetzt an unserem Lagerfeuer gegenüber, das wir dir auf unserem Buchdeckel versprochen haben, wäre es vermutlich gerade drei Uhr morgens. Die meisten hätten bereits den Heimweg angetreten und du sitzt hier nun allein mit uns und man kommt ins Reden. Ja, hier ist er nun in seiner höchsten Form- der versprochene Deeptalk! Sie kauften sich einen LKW und was passierte dann? Richtig, sie begannen, den LKW in seiner Schönheit als Lebensphilosophie zu begreifen. Im normalen alltäglichen Wahnsinn den Fokus auf die eigenen Prioritäten nicht zu verlieren, wird in einer Leistungsgesellschaft täglich schwerer. Doch in uns veränderte sich etwas. Es passierte von ganz allein, ohne, dass wir bewusst darauf zu steuerten.

Wir veränderten uns und merkten es währenddessen nicht einmal.

Wir befinden uns im Sommer 2022. Harte Wochen lagen hinter uns. Meine Angst vor Gesellschaft hatte das Höchstmaß mit dem Tod unseres Hundes erreicht und anstatt jeden Tag weinen zu können, musste ich mich zusammenreißen, da ich eine Bachelorarbeit zu schreiben hatte. Du merkst es vermutlich selbst. Die Voraussetzungen, glücklich zu sein, waren nicht die besten zu dieser Zeit. Wir waren müde. Müde von den letzten Wochen, der Trauer, den Fahrzeugreparaturen und dem alltäglichen Wahnsinn. Und wenn der Stress und die negativen Gefühle uns manchmal völlig überrannten, kam es zum Streit. Manchmal waren wir auch unfair zueinander, da wir unsere Wut aneinander ausließen, die ursprünglich anderen Dingen geschuldet war. Wir waren reif für unseren ersten längeren Roadtrip und die Vorfreude darauf gab uns die Kraft, die Wochen zuvor zu meistern.

Und so fuhren wir an einem Montagnachmittag los. In einer Hauruck-Aktion luden wir unser Gepäck ein und fragten uns wie immer, ob wir etwas vergessen haben. Einen kurzen Moment musste ich schmunzeln und an meinen Vater denken, der bis heute immer wieder sagt, dass man alles vergessen darf, außer die eigene Geldbörse. Den Rest kann man ersetzen. Ja, getreu diesem Motto fuhren wir los und Ayla blinzelte uns mit ihrem zufriedenen „Endlich sitzen wir wieder im LKW"-Blick zu. Meist fallen ihr dabei bereits nach wenigen Kilometern die Äuglein zu und sie wirkt so zufrieden, dass man in ihren Mundwinkeln ein Lächeln erahnen könnte. Das Abenteuer konnte beginnen. Wir waren mehr als bereit. Augsburg sollte das Ziel sein.

Ich hatte nur noch wenige Tage Zeit bis zur Abgabe meiner Bachelorarbeit und diese war zu jenem Zeitpunkt weder inhaltlich bereits vollständig, noch formatiert. Spätestens zu diesem Zeitpunkt würde nun jeder Musterstudent vermutlich einen mittelschweren Nervenzusammenbruch erleiden- und das völlig berechtigt. Doch ich war schon immer anders und definitiv alles, was eine Vorzeigestudentin nicht ist. Somit war ich seit Wochen chronisch angespannt, doch zum gänzlichen Verlust meiner Nerven reichte es noch nicht. Doch warum möchte man einen Roadtrip unbedingt in Augsburg beginnen? Dies war tatsächlich eher einem Zufall geschuldet. Es kam, wie es kommen musste. Unser Kurt benötigte dringend eine Reparatur. Es sollten alle vier Radlager ausgetauscht werden. Eine hohe vierstellige Summe stand für die Reparatur im Raum, die wir zu diesem Zeitpunkt nicht hatten.

Wir wussten, dass wir aufgrund unserer noch jungen Erfahrungen Rat von jemandem brauchten, der sich bereits länger mit Fahrzeugen dieser Größe auseinandersetzt. Somit starteten wir einen Hilfeaufruf an die Facebook-Community. Habe ich früher virtuellen Bekanntschaften nicht wirklich etwas abgewinnen können, so weiß ich soziale Netzwerke nun auch zu schätzen. Der Zusammenhalt einer Community, welche die gleichen Interessen vertritt, fasziniert immer wieder aufs Neue. Es dauerte nicht lange bis sich Marcel meldete. Marcel ist ein sehr netter, quirliger Kerl mit dem Herzen auf der Zunge. So würde ich ihn nach den Tagen in Augsburg grob beschreiben. Er fährt ein ähnliches Modell wie wir und befindet sich gerade im letzten Schliff seines Wohnkoffer-Ausbaus.

Nebenbei sind ältere Landrover seine große Leidenschaft. Im Laufe der Jahre konnte er sich so viel Wissen und Equipment aneignen, dass er die meisten KFZ-Reparaturen selbst tätigen kann. Er bot uns an, bei ihm vorbei zu schauen und uns sein Werkzeug und Wissen zur Verfügung zu stellen. Ein Angebot, das wir dankend annahmen. Gegen halb elf abends waren wir endlich in Augsburg angekommen, wo uns Marcel mit einem netten Lächeln und einem kühlen Bier empfing. Gemeinsam machten sich die Männer einen Plan, wie sie in den folgenden Tagen verfahren wollten. Auf dem großen Parkplatz einer ehemaligen Spedition befand sich Marcels Werkstatt. Hier konnten wir auch übernachten. Sicherlich denkt man beim Namen dieser Stadt zunächst eher an die Puppenkiste oder eine beeindruckende Altstadt, doch du kannst dir nicht vorstellen, welch angenehmen, nahezu schon romantischen Flair der Parkplatz einer ehemaligen Spedition mit sich bringen kann. Gemeinsam schauten wir in die Sterne. Marcel war bereits nach Hause gefahren. Hier sollten wir also die nächsten Tage verbringen. Es lag jede Menge Arbeit vor uns, doch wir waren auch sehr gespannt.

Am nächsten Morgen wurden wir nicht nur zärtlich von den Sonnenstrahlen in unserem Dachfenster geweckt, sondern auch von einer Wand quälender Hitze. Es waren bereits zu diesem Zeitpunkt über 30 Grad im LKW. Ein heißer Tag, an dem Andere sicher den nächsten Badesee aufgesucht hätten. Doch wir hatten eine klare Aufgabenverteilung. Für Sandro und Marcel stand zunächst die Diagnostik unseres Kurts auf dem Programm.

Kurt musste auf mögliche Defekte durchgeschaut werden, um zu überprüfen, ob tatsächlich ein kaputtes Radlager unser Problem sein konnte. Gern hätte ich mit geholfen, doch mein handwerkliches Wissen ist aktuell noch sehr ausbaufähig. Von mir können wir später noch reden. Kommen wir zunächst zu Sandro.

Er war bereits so effektiv, dass er und Marcel in mühevoller Kleinstarbeit das betroffene Rad inklusive Bremsen von Kurt abschraubten. Nun lag der Antriebsstrang offen. Bei

einem Fahrzeug dieser Größenordnung und dieses Alters ein sehr langwieriger Prozess. Die Luft war trocken, der Asphalt um uns herum heiß. Der Geruch von Arbeit lag in der Luft. Im Tageslicht zeigte sich erst einmal, wie groß das Gelände tatsächlich war. Fast alle Baracken waren vermietet. Viele Handwerker hatten sich hier ihre Werkstätten ausgebaut. Eine Gruppe polnischer Gebäudearbeiter überraschte mit Hip Hop ihrer Muttersprache, der über den Hof erklang. Gefiel mir ganz gut und erinnerte mich an das Jahr 2017, als diese Musikrichtung noch meine liebste war. Nach langer Zeit war es schön, so etwas mal wieder zu hören. Doch zurück zu Sandro und Marcel. Die beiden bekamen von der Musik nur wenig mit. Sie bauten sich ein provisorisches Sonnensegel und schraubten Stück für Stück jedes Einzelteil ab. Sie schwitzten am ganzen Körper. Ich versuchte ihnen wenigstens durch kalte Getränke und Croissants die Arbeit ein wenig erträglicher zu machen. Doch es schien sie gar nicht zu stören. Zu vertieft waren sie in ihre Arbeit.

Und ich? Tatenlos im Wohnkoffer saß ich nicht, sondern voll bepackt mit Büchern und meinem Laptop. Die Bachelorarbeit musste fertig werden.

Die Stunden vergingen wie im Flug. Manchmal schaute ich auf die Uhr, scrollte zurück und war selbst überrascht, wozu mein Kopf fähig war, wenn er sich fokussierte. Die Seiten schrieben sich manchmal fast wie von allein. Ähnlich geht es uns gerade mit unserem Buch. Viel Zeit verging nicht vom Beginn unseres Projekts bis zum Zeitpunkt dieses vorletzten Kapitels. Und plötzlich ist man verwundert, wie viel bereits zu Papier gekommen ist, ohne, dass wir es bemerkt haben. Doch nun war es Abend und die Männer hatten eine Diagnose: ein defektes Nadellager. Eine Kleinigkeit für jemanden, der sich mit der Materie auskennt. Sie machten sich kaum Gedanken darüber und vereinbarten für den nächsten Tag einen Termin, das fehlende Teil zu besorgen.

Doch jeder, der meint, wir hätten in der Woche keinen Urlaub mit lustigen Momenten, täuscht sich. Den ersten lustigen Moment lieferte Sandro am ersten Abend, denn sein Körper war nahezu in Schmiere und Öl getränkt durch die Arbeit am Reifen. Normalerweise ist er nicht so empfindlich, wenn er mal einen Tag auf seine Dusche verzichten muss, doch an diesem Abend fühlte er sich so eklig, dass er vermutlich für etwas Wasser an seinem Körper auch Eis baden gegangen wäre. Doch um auch unterwegs unsere Körperhygiene nicht auf der Strecke bleiben zu lassen, investierten wir kurz vor unserer Abreise in eine akkubetriebene Dusche. Unser erster Insider auf Reisen und sicherlich eine der meisten Fragen, die uns so gestellt werden, beinhaltet die Körperhygiene. Im Laufe dieses Kapitels wird es sicher während gewissen Anekdoten noch mehr davon geben. Doch zurück zu Sandro und unserer Akkudusche.

Wie funktioniert so etwas unterwegs? Das Prinzip ist simpel. Zu der Dusche kauften wir uns einen Duschvorhang, welcher am Eingang von Kurt beliebig angebracht und abgenommen werden kann. Diesen stülpen wir über einen handelsüblichen Mischkübel, den wir zuvor mit Wasser füllen. Der Akku der Dusche wird am Rand des Eimers angebracht, dass man sich mit der Duschbrause genauso abduschen kann wie zu Hause. Die Pumpe der Dusche pumpt immer wieder das Wasser aus dem Eimer hoch in die Brause. Wassersparend ist diese Methode mit Sicherheit, da immer wieder dasselbe Wasser verwendet wird. Allerdings ist ein Wasserwechsel durchaus ratsam, wenn man wirklich schmutzig geworden ist und sich nicht nur abduschen möchte, um seiner täglichen Körperhygiene nachzugehen. Dies durfte Sandro auch schnell feststellen.

Es war bereits dunkel und die Hitze war weg. Nun war es angenehm warm draußen. Also warum erst den Vorhang anbringen, wenn man ungesehen nackt draußen duschen kann? Dachte sich Sandro dann auch und freute sich sichtlich, die neue Dusche endlich auszuprobieren. Wir waren völlig allein mitten auf einem Speditionsparkplatz und freuten uns wie kleine Kinder. Das Wasser im Eimer war völlig schwarz und ölig. Arbeit hinterlässt nun mal ihre Spuren. Dank der Hitze war das Duschwasser gut aufgewärmt. Ist es draußen nicht so heiß, haben wir aktuell im LKW noch kaltes Wasser. Wie du merkst, tun sich bei der ersten längeren Reise die ersten Luxusprobleme auf. Wir sind es gewohnt, ständig warmes Wasser zur Verfügung zu haben, dass es einiges an Überwindung kostet, plötzlich kalt zu duschen.

Ganz daran gewöhnen konnten wir uns bis jetzt auch noch nicht, doch es wird mit jedem Mal leichter. Dennoch arbeiten wir an einer Lösung, irgendwann auch im LKW warmes Wasser zu haben. Doch wir lernten auf unserer ersten Reise die Rückkehr zum Ursprung- den Verzicht auf größeren Luxus und wir kamen mit vielen Herausforderungen besser zu recht als gedacht. Der Abend war schön. Wir saßen noch lange in unseren Klappstühlen vor Kurt und schauten in die Sterne. Die schönsten Gespräche führten wir immer unter freiem Himmel. Woran das liegt, lässt sich nicht ganz einfach beantworten. Vermutlich, weil ein geschlossener Raum in Verbindung mit Alltag und Routine sich schnell beklemmend anfühlen kann. Wir redeten lange, reflektierten die vergangenen Wochen. Viel war passiert. Fredos Tod hatte mich verändert. Zu viele Stunden waren vergangen, in denen mehr Emotionen ans Licht kamen als mein Kopf verarbeiten konnte. Es war Zeit für Offenheit, Entschuldigungen und Selbstreflektion. Wir wurden alles los, was uns die letzten Wochen beschäftigte und darauf folgte ein Gefühl der Freiheit. Wir konnten wieder nach vorne schauen und ich begann, mich darauf zu besinnen, dass ich meinen Hass auf den Menschen, der meinen Seelenhund auf dem Gewissen hat, nicht auf die gesamte Menschheit abwälzen kann, wie ich es in den Wochen zuvor getan habe. Ab diesem Moment veränderte sich etwas. Ich verstand, dass mir nichts und niemand Fredo zurück bringen wird, doch meine Welt sich weiter drehen muss. Der Vorteil von Trauer ist, dass dir viele Dinge egal werden, die dir vorher viel näher gingen. Meine Trauer kostete mich genug Kraft. Plötzlich war da kein Raum mehr, mich über andere Menschen aufzuregen. Keine Energie mehr, um zwischenmenschliche Beziehungen kämpfen zu müssen, die nur einseitig sind. Und in diesem Moment überkam mich eine neu gewonnene Freiheit. Wir waren vom Deeptalk nun beim Thema „Zukunftsvisionen“ angekommen und unterhielten uns darüber, welche Länder wir gern sehen möchten. Wohin es uns mit unserem Kurt noch verschlagen würde. Irgendwann kamen auch wir in diesem Zusammenhang darauf zu sprechen, welche Persönlichkeiten uns inspirieren und was wir als Kinder werden wollten. „Irgendwie wollte ich schon immer ein Buch schreiben.“, tat ich belächelnd, abwinkend die Aussage im gleichen Moment ab. Kindheitsträume- fernab der Realität. „Und was genau hält dich davon ab?“ Sandro schaute mich plötzlich völlig ernst und fragend an. Ich ihn jetzt auch. Ich sah ihm an, dass er die Frage ernster meinte als ich dachte. „Na weil es völlig unrealistisch ist, einfach ein Buch zu schreiben.“, entgegnete ich. „Was denkst du, wie alle großen Autoren irgendwann mal angefangen haben? Warum nicht wir?“, fragte mich Sandro und ja, damit hatte er das Argument, dem ich nichts entgegensetzen konnte. Zu lange habe ich mich in meiner Das-wird-doch-sowieso-nix Komfortzone aufgehalten. Es wurde Zeit, über die eigenen Grenzen zu gehen. „Lass uns noch einmal darüber reden, wenn ich meine Bachelorarbeit abgegeben habe", entgegnete ich. Dass das Gespräch bereits drei Tage später stattfinden würde, wussten wir zu diesem Zeitpunkt beide noch nicht…

Es folgten zwei Tage voller Hoffnung, Kurt in verhältnismäßig kurzer Zeit verarzten zu können. Das Nadellager war defekt. Um dies herausnehmen zu können, muss der eingepresste Ring entfernt werden. Beim Entnehmen des Nadellagers ist es unvermeidlich, dass der Ring, welcher das Nadellager hält, beschädigt wird und ebenfalls mit ausgetauscht werden muss. Keine große Sache, dachten sich die Männer. Doch es sollte anders kommen. Es war ein heißer Nachmittag. Der Asphalt war trocken und konnte kaum barfuß berührt werden. Es dauerte nicht lange, bis ein leichtes Brennen in den Füßen spürbar war, weshalb wir festes Schuhwerk bevorzugten trotz der Hitze. Während ich draußen an unserem Campingtisch saß und kurz versuchte bei einer Tasse Kaffee neue Energie für den letzten Schliff meiner Bachelorarbeit zu tanken, genoss Sandro seine gekühlte Spezi. Die Hitze wurde nicht weniger. Marcel kam gerade zurück aus der Stadt. Er wollte das neue Nadellager besorgen. Doch sein Blick sprach Bände. Er schaute uns rat-

DÄRR Expeditionsservice
Les amis du · SAHARA · Freunde

los an und zuckte mit den Schultern. Es musste etwas schief gegangen sein. So war es auch. Ein neues Nadellager zu bekommen, stellte kein Problem dar. Doch dieser Ring, welcher das ganze hielt durch die Einpressung. Nirgendwo gab es diesen Ring. Die Männer gingen alle Möglichkeiten durch. Doch es führte zu nichts. Einen neuen Ring aufzutreiben, bis wir unsere Reise fortsetzen wollten, war unmöglich. Was sollten wir tun? Uns blieb nichts Anderes übrig als zu akzeptieren, dass wir das Nadellager zum damaligen Zeitpunkt so lassen mussten, wie es ist. Glücklicherweise hatten wir keine Offroad-Strecken geplant, weshalb wir dennoch gefahrlos weiter fahren konnten. Der Roadtrip war zum Glück nicht in Gefahr.

Doch die Energie, welche die beiden Männer im Endeffekt umsonst aufbrachten- darum war es schade. Doch nach dem anfänglichen Schreck erholten sich die deprimierten Gesichter schnell wieder. Es musste weiter gehen. Kurts Rad musste wieder angebracht werden, um überhaupt einen Meter weiter fahren zu können.

Wir entschieden uns für einen gemeinsamen Grillabend nach fertiger Arbeit. Wir freuten uns auch sehr darauf, Marcels Partnerin kennenzulernen.

Es war so weit. Kurt war bereit zur Abfahrt und wir waren bereit für den letzten gemütlichen Abend gemeinsam bevor unsere Reise weiter gehen sollte. Sandro und Marcel brachten die letzten Schrauben an ihren Platz, während ich meine

Bachelorarbeit an die nahe gelegene Druckerei sendete. Der Grill war bereits aktiv und der wohlige Geruch von Holzkohle und Essen zog sanft in einer Brise durch das Fenster in unseren Wohnkoffer. Der Abend konnte nur noch durch gute Gespräche getoppt werden. Es war bereits dunkel, als wir am Tisch saßen und uns beim Abendessen über das Leben unterhielten. Was die Reisen betraf, waren uns Marcel und seine Jessica um Einiges voraus. Sie planten gerade ihre erste große Tour nach Albanien- ein Ziel, das wir aufgrund fehlender Erfahrung mit einem Fahrzeug dieser Größenordnung etwas weiter nach hinten verschoben als es unsere Geduld gern hätte.

Wir beide sind keine Meister der Geduld und würde es nach unseren Träumen allein gehen, wären wir längst auf einer Safari in Afrika. Doch wir reifen alle- der Eine früh, der Andere später. Die Leidenschaft weicht der Vernunft, wobei wir durchaus leidenschaftliche Menschen sind und dies hoffentlich auch bleiben. Doch wir müssen realistisch sein. Aktuell darf nur Sandro den LKW fahren, da mein Führerschein für Fahrzeuge dieser Größenordnung nicht ausreicht. Unseren Kurt auch bald selbst fahren zu können, ist eins meiner größten Ziele. Doch solange nur Sandro unseren Kurt fahren darf, müssen wir uns auf Gebiete nahe der Zivilisation beschränken, für den Falle, dass er einmal nicht fahrfähig ist. Man hofft natürlich immer, dass nichts passiert, doch wenn etwas passieren sollte, möchten wir nicht in Gefahr laufen, keine Hilfe organisieren zu können. Zudem sind wir auch so realistisch, dass es nicht ausreicht, ein guter Fahrer zu sein, um fernab sämtlicher befestigter Straßen zu fahren. Zu wissen, wie sich das Fahrzeug in welcher Situation verhält und wie sich brenzlige Situation lösen lassen, ist das Wichtigste eines langen Roadtrips mit einem LKW. Wir bezeichnen unsere diesjährige Reise gern als „Generalprobe" für den ersten langen Roadtrip. Es ging um Erfahrungen, auf deren Basis wir handfeste Pläne entwickeln konnten.

Doch wir würden lügen, würden wir behaupten, dass uns nicht der kleinste Funke an Wehmut überkam, als die beiden uns von diesem wundervollen Land berichteten, das auch auf unserer Agenda weit oben steht. Wir lachten viel und es wurde deep- genauso wie wir uns einen schönen Abend vorstellten. Wir wussten, dass unsere Reise nach Augsburg zu keinem Zeitpunkt sinnlos war. Was Sandro an Erfahrungen und handwerklichen Fähigkeiten dank Marcel mitnehmen konnte, kann ihm niemand mehr nehmen. Zu verstehen, wie ein LKW aufgebaut ist und warum mechanische Prozesse genau so und nicht anders funktionieren, eröffnete ihm eine neue Tür an Möglichkeiten, in die Materie tiefer reinzuwachsen. Der Austausch mit einem Paar, das uns an Reise-Erfahrung deutlich weiter voraus ist, war für uns sehr wertvoll. Wir konnten viel von ihnen lernen. Doch der wichtigste Punkt kommt jetzt. Wir durften zwei wundervolle Menschen kennen lernen. Selten wurden wir in unserer Vergangenheit so herzlich von jemandem aufgenommen, der uns gar nicht kannte. Die Vertrauensbasis, worauf dieser Kontakt zustande kam, war definitiv nicht selbstverständlich. Es hätte für beide Parteien anders kommen können. Die vielen netten Gespräche, die schönen Grillabende waren es wert, nach Augsburg zu fahren. Wir werden mit den beiden auch weiterhin in Kontakt bleiben.

Die Männer möchten einander weiterhin unterstützen und auf das nächste Schrauber-Abenteuer in Augsburg freuen wir uns jetzt schon. Der Beginn dieser Reise zeigte uns, dass jeder noch so unscheinbare Ort der schönste der Welt sein kann, wenn man umgeben von den richtigen Menschen ist. Das magische Knistern eines Feuers löst in uns die gleiche innere Wärme und Wohlbefinden aus- egal, ob wir gerade am Meer oder auf dem Werksgelände einer ehemaligen Spedition sitzen. Doch es musste für uns weiter gehen. Die Reise war noch nicht zu Ende. Sie hatte gerade erst angefangen.

Etwas müde, aber glücklich brachen wir in Augsburgs Innenstadt auf. Der Campus wartete auf uns, denn ich hatte einen Termin im Copyshop der Augsburger Universität. Hier sollte sie also entstehen- meine Bachelorarbeit, abgabebereit und in gebundener Form. Irgendwo zwischen Aufregung und Erleichterung tanzten die Gedanken Salsa in meinem Kopf.

Und dann das- der nette Mitarbeiter des Copyshops entdeckte einen Formatierungsfehler. Nun musste ich alles erneut anpassen. So konnte es nicht gedruckt werden. Mein Puls beschleunigte sich. Mein Magen machte mich darauf aufmerksam, dass es besser gewesen wäre, bei so viel Aufregung wenigstens ein kleines Frühstück zu sich zu nehmen. Mit leichter Übelkeit, technischen Problemen und einer schlechten Internetverbindung versuchte ich also die letzten Formatierungsfehler zu bereinigen. Doch nun war es so weit. Das erste Exemplar war gedruckt. Nervös blätterte ich Seite für Seite durch. Dies war die letzte Kontrolle, bevor mein erstes kleines Lebenswerk endgültig gebunden werden sollte. Kein Fehler mehr sichtbar, Erleichterung stieg in mir auf. Das bordeauxfarbene Cover mit einer zierenden Goldschrift lag bereit, um mit meinem Inhalt gefüllt zu werden. „Ganz ruhig, das wird schon.“, versuchte mich der freundliche Mitarbeiter zu besänftigen- mit Erfolg. Menschen, die Ruhe ausstrahlen, wenn man selbst dazu nicht in der Lage ist, sind Balsam für die Seele. Und nach kurzer Zeit durfte ich meine Bachelorarbeit in den Händen halten. Ich habe es tatsächlich geschafft. Ich hielt das Resultat der vielen Stunden in der Hand, in denen sich tippen, recherchieren, verzweifeln, weinen, wieder konzentrieren und Süßigkeitenverzehr kontinuierlich abgewechselt haben. Halb tanzend schwebte ich über den Campus mit einem Lächeln, das unaufhaltsam erschien. Stolz streckte ich Sandro das frisch gebundene Exemplar entgegen.

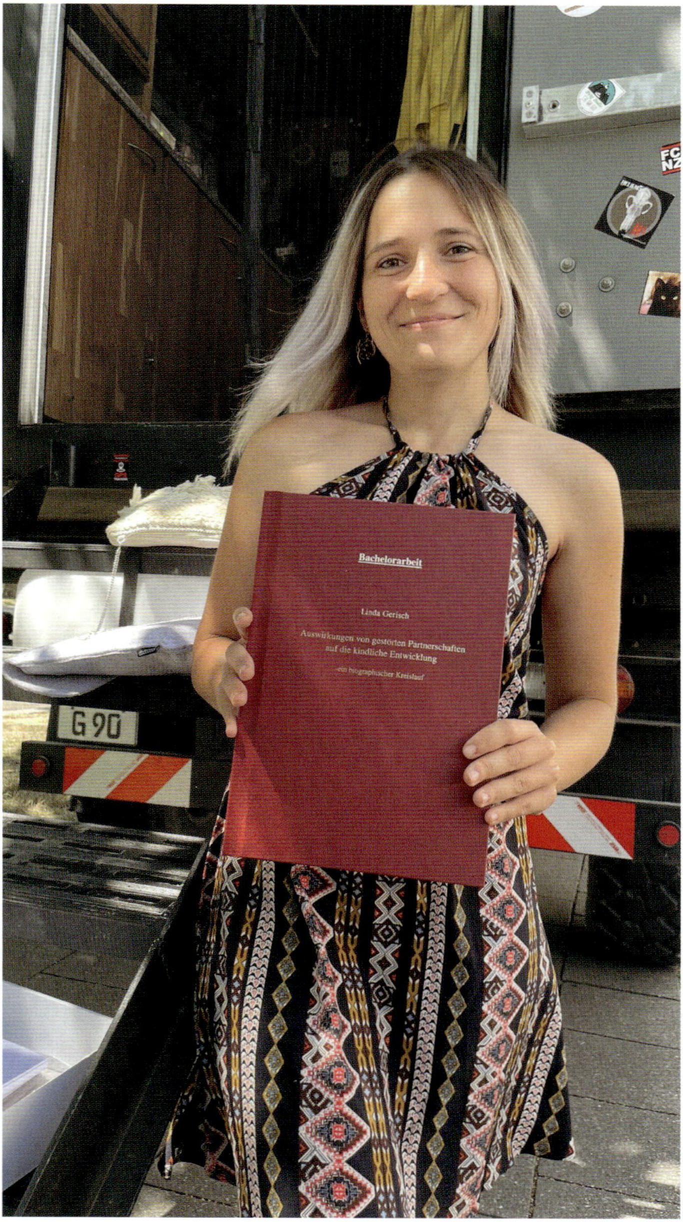
Bachelorarbeit
Linda Gerisch
Auswirkungen von gestörten Partnerschaften
auf die kindliche Entwicklung
-ein biographischer Kreislauf
G 90

Die Erleichterung stand nun auch ihm ins Gesicht geschrieben. Er hatte es die letzten Wochen nicht leicht mit mir. Doch er hielt durch und baute mich immer wieder auf, wenn diese Hürde für mich unüberwindbar schien. Und nun lag da einfach diese Bachelorarbeit. Ich habe meine eigene Grenze überwunden- mich selbst überrascht, indem ich etwas geschafft habe, das ich mir nicht zugetraut habe.

Ich glaube, dass dieses Erfolgserlebnis, womit ich nicht gerechnet hätte, mir das letzte Stück Selbstvertrauen gab, tatsächlich mit Sandro gemeinsam ein Buch zu schreiben. Der Umfang meiner Bachelorarbeit ist etwas mehr als die Hälfte dieses Buches. Wenn diese Seitenzahl in so kurzer Zeit zustande kommen konnte, warum nicht auch ein Buch, das man noch nicht einmal allein schreibt? Wir sprachen über genau diese Motivation auf unserer weiteren Durchreise, gestärkt durch gutes Essen im nächstgelegenen italienischen Restaurant. Zu sehen, wozu man selbst fähig ist, wenn man ein Ziel wirklich erreichen möchte, ist die höchste Motivation, die es braucht, um Träume zu verwirklichen. Wir wollten ein Buch schreiben. Doch wovon sollte es handeln? Das ergab sich während unserer Reise völlig von selbst…

Und nun fragst du dich, wohin die beiden Verrückten wohl nun fahren würden. Wir begaben uns in die Mitte Deutschlands. Genauer gesagt ging es nach Hessen. Dort wartete das nächste Abenteuer auf uns. Wir waren mit Freunden

BUONA

auf einem Festival verabredet. Mein erstes wohl gemerkt. Somit unterschätzte ich völlig, wie viel man vorbereiten muss, um an einem solchen Event gut aufgestellt zu sein. Also ging es für uns nicht direkt aufs Festival-Gelände, sondern in Sandros Heimatort, Wehrda. Es ist schwer, einen Ort so wiederzugeben, dass dein Gegenüber ein genaues Bild im Kopf hat, doch wir werden es dir versuchen zu erklären.

Kannst du dich noch an die typischen alten deutschen Märchen erinnern, die an Weihnachten im Fernsehen rauf und runter liefen? Märchen beginnen in der Regel in kleinen Dörfern. Wir haben in vorherigen Kapiteln dieses Dorf bereits kurz angerissen, sodass du wahrscheinlich bereits ein grobes Bild im Kopf hast. Doch dir fehlen noch einige Details. Kennst du diese typischen Märchendörfer, geziert durch kleine Fachwerkhäuser, Bauernhöfe und Weiden? Ihrem Hinterland folgen weitreichende Felder und ihr Rahmen ist durch Wälder abgesteckt. So kannst du dir Wehrda vorstellen- klein, beschaulich und ein wenig verträumt wie im Märchen. Wer von hier kommt, begegnet nur in den seltensten Fällen auf der Straße jemandem, dessen Name nicht bekannt ist. Wer diese beschauliche, familiäre Atmosphäre liebt, kann hier sehr glücklich werden. Wer allerdings auf Anonymität und Privatsphäre viel Wert legt, wird sich hier nicht ewig wohlfühlen. Für Sandro ist es wie ein Nachhause-Kommen, wenn wir hier her fahren. Wie kann man es ihm verdenken, wenn ein Großteil seiner Geschichten, die er dir in diesem Buch erzählte, hier geschrieben wurden? Hier begann seine aufregendste Geschichte, das Leben. Hier lernte er seine engsten Freunde kennen. Der Großteil von ihnen lebt mittlerweile in Deutschland verteilt. Doch es gibt einen harten Kern, den die Heimat nicht loslässt.

Diesmal kamen alle wieder zusammen, die es in alle Himmelsrichtungen verstreut hatte und so gab es viele glückliche Umarmungen voller Wiedersehensfreude. Herzliche Begegnungen und tiefgreifende Unterhaltungen, die man so nur selten im Alltag führt, prägten unseren ersten Abend. Es war schön, Menschen zu treffen, die sich unvoreingenommen für ihr Gegenüber interessierten. Träume fanden Raum, erzählt zu werden. Das Leben schwebte in jeder Ecke und der Alltag war weit weg. Es fühlte sich an, als wären wir schon seit Monaten weg. Doch es war noch nicht ganz eine Woche seit unserer Abreise aus Klingenthal vergangen. Wir waren offline. Offline in unserem realen Leben. Wir hatten nur wenig Kontakt zu unserem vogtländischen Umfeld. Nicht, weil wir einen Groll auf die Menschen um uns herum zu Hause entwickelten, sondern weil wir begannen, unseren Fokus anders zu setzen. Das Hier und Jetzt wurde wieder mehr gelebt. Jetzt waren wir hier in Hessen und nicht zu Hause, weshalb wir den Menschen die volle Aufmerksamkeit schenkten, die uns gerade gegenüber saßen. Wie sehr wir Menschen doch den Fokus unterschätzen. Seine Platzierung kann ganze Lebenseinstellungen verändern mit dem Wechsel seiner Position. Unser Fokus war in unserer Abwesenheit genauso abwesend wie wir selbst. Doch was passiert, wenn dir das Leben abseits von deinem routinierten Leben plötzlich anfängt, besser zu gefallen?

Eine Frage, die in den Schlusszeilen dieses Buches ein Stück weit beantwortet wird. Vielleicht kennst du dieses Gefühl aus einem eigenen längeren Urlaub. Wir wissen es nicht. Stell dir vor, du lebst ein Leben, von dem du dich nicht im Urlaub erholen musst. Jedenfalls beschäftigte uns das Offline-Sein vom eigenen Leben noch öfter und intensiver, doch nun war erst einmal Festivalstimmung angesagt.

Das Herzberg-Festival- laut Sandro ein Hippie-Event. Ich kannte seine Erzählungen und wusste, was er hier bereits erleben durfte. Für mich als Festival-Anfängerin war es ein buntes Überraschungspaket. Etwa eine halbe Stunde fuhren wir von Sandros Heimatort zur Festivalwiese. Bereits vor der Einfahrt tummelten sich die ersten Gäste. Vom alternativen Backpacker bis zum stolzen Familienvater war jede Rolle, jedes Klischee und jeder Lifestyle vertreten. Müsste man das Herzberg-Festival in einem Wort beschreiben, wäre „bunt" der passendste Begriff. Doch würde uns jemand fragen, welche Farbe des Lebens unsere liebste ist, würden wir vermutlich mit „bunt" antworten. Wir lieben Vielseitigkeit und Horizonterweiterung. Der Hunger nach Leben fernab von Monotonie ist es, der uns verbindet, ganz gleich, wie unterschiedlich wir in manchen Dingen sind. Kein Wunder also, dass wir uns hier direkt wohl fühlten, obwohl wir noch nicht einmal einen Parkplatz gefunden hatten. Wir passierten mit unserem Kurt die Einfahrt.

Dies ohne aufzufallen zu tun, ist mit einem Fahrzeug unserer Größenordnung unmöglich. Einige Hippies warfen uns ein wohlwollendes Lächeln zu, während wir die Festivalwiese befuhren. Ein leichter Regenschauer zog über das Gelände. Dieser kam wohl zu spät, denn das Gras auf dem Gelände, das ursprünglich eine Pferdekoppel ist, war bereits völlig vertrocknet. Wir hofften, es würde sich nicht einregnen. Doch wir hatten Glück. Die kleine schwarze

Wolke entschloss sich dazu, ihre Tropfen an einer anderen Stelle zu verteilen. Gemeinsam mit unseren Freunden und Sandros Mama bauten wir also unser Zuhause für die nächsten sechs Tage auf. Die Zentrale des Camps bildete unser Kurt, dem die Männer spontan eine Terrasse anbauten, indem sie zwei große Tarps an den Kanten unseres Wohnkoffers spannten. Unter den Tarpzelten brachten sie ein Sofa und einen Couchtisch unter. Ja, du hörst richtig. Wir hatten tatsächlich unser eigenes Mobiliar mit. Wenn man ein Festival besucht, rechnet man durchaus mit einer wilden Zeit. Doch dass sogar Sperrmüll seinen Platz findet, überstieg sogar meine Vorstellungskraft. Wer hat schon sein eigenes Outdoor-Wohnzimmer? Solche Dinge sind wohl nur auf einem Festival möglich. Doch gemütlich war es zu jeder Tageszeit und so bunt wie das Leben selbst. Umgeben von bunten Lichterketten, lachenden Gesichtern und dem Geruch von Pizza stürzten wir uns in ein neues Abenteuer.

Ayla begleitete uns. Sie liebt neue Kontakte, genauso wie ihre Hunde-Eltern. Und unser Hund liebt Kinder. Gemeinsam schlenderten wir auf die andere Seite der Festival-Wiese. Hier war die Atmosphäre etwas familiärer- ruhiger mit weniger Party als auf der Seite unseres Camps. Die „Neue Heimat“ -wie sich dieser Teil der Wiese nennt- ist ideal für Paare mit Kindern, aber auch für Hunde, um tierische Kontakte zu knüpfen. Es dauerte nicht lange, bis Ayla erste tierische Kontakte pflegte und -typisch Hütehund- ein wei-

nendes Kind tröstete. Es war tatsächlich so weit- unser Hund hütete fremde Kinder und das tut sie bis heute. Sobald sie ein Kind sieht, wird ihr Beschützer-Instinkt aktiviert. Doch auch Ayla ist nicht völlig furchtlos. Die Spielaufforderung eines riesigen Neufundländers fand sie ganz und gar nicht lustig. Fast hätten wir sie verloren, weil sie quietschend davon rannte. Die Lautstärke machte ihr nichts aus. Ayla fühlte sich überall sicher, solange wir um sie herum waren. Wir legten allerdings auch wert darauf, sie lange im Vorfeld auf die Lautstärke eines Festivals vorzubereiten, dass dies für sie keine völlig neue, mit Stress verbundene Situation ist. Auch an Menschenansammlungen konnten wir sie bereits gut gewöhnen, indem wir sie zu Hause im zumutbaren Zeitrahmen auf jedes Volksfest mitnahmen. So gewöhnte sie sich Stück für Stück daran und ist stets mit dabei, wo auch immer wir hin gehen.

Und überkommt der Stress unseren Hund doch einmal, so hat sie jederzeit einen Rückzugsort, denn im LKW hört man nicht mehr viel von der Außenwelt. Ayla war zufrieden und wir waren es auch. Zwischen Bierzeltgarnituren war ausreichend Platz, um die typischen Festivalspiele gemeinsam zu spielen. So kam jeder mit jedem ins Gespräch. Die Gruppe wuchs in kürzester Zeit zusammen. Doch entgegen des Klischees, sich auf Festivals nur von Fertiggerichten aus der Dose zu ernähren, kochten wir jeden Tag. Wir waren genug Leute, um uns abzuwechseln. So gab es statt Hühnernudeltopf und Ravioli bei uns Bannok, Salat oder Linsen Dal, typische Outdoor-Rezepte, die man auch über dem offenen Feuer zubereiten kann, wenn kein Gas im Camperfahrzeug mehr vorhanden ist. Doch für einen ausreichenden Vorrat an Gas für unseren Herd hatten wir im Vorfeld gesorgt. Die gesunde Ernährung machte sich bei uns allen deutlich bemerkbar. Ein Festival kann sehr anstrengend und ermüdend sein, besonders im Sommer bei Temperaturen über der 30-Grad-Marke. Doch fernab von einem vorübergehenden Hippie-Dasein gepaart mit dem einen oder anderen Glas Gin Tonic, zwischen Alternativ-Rock bis Reggae war das Herzberg-Festival vor allem eins: horizonterweiternd. Stell dir vor, du bist fast eine Woche nicht einfach auf einem Festival, um dir gute Musik anzuhören, sondern um eine Zeitreise in Jahrzehnte zuvor zu machen, auf der Suche nach sich selbst mit dem Wunsch, zumindest einige Tage eine andere Identität auszuleben. Du tauchst ein in eine selbst erschaffene Rolle und unterhältst dich mit Menschen auf einer Ebene, die du im Alltag vermutlich nie erreichen würdest. Was diese Menschen verbindet, ist die Faszination für eine Kultur, deren Existenz stärker abgenommen hat als sie es sollte. Jedenfalls erfüllten wir in sämtlichen Disziplinen das Klischee des Klientels, das man sich auf einem Hippie-Festival verspricht. Soziale Berufe, alternativer Lifestyle und zu guter Letzt der Wunsch nach innerem Frieden. Wenn wir nicht mit unseren Freunden auf dem Gelände die Konzerte einzigartiger Bands genossen, nutzten wir die Zeit, um uns gemeinsam auf eine Wiese zu setzen, unbekannten Bands nebenbei zuzuhören und die Menschen um uns herum anzuschauen. Welches Leben sie wohl fernab ihres Hippie-Daseins auf Zeit führten? Was man dem Einen direkt an der Nasenspitze ansah, war bei dem Anderen ein absolutes Rätsel. Und manchmal sprachen wir die Menschen direkt an oder sie uns, was mit einem kleinen Hund deutlich häufiger passiert. Wir führten zum Teil Gespräche mit Menschen, deren Namen wir am nächsten Tag bereits vergessen hatten und das über Stunden. Doch was davon blieb? Die Erinnerung an deren Lächeln, ihre Geschichte, die Vielseitigkeit. Jede Geschichte ist es wert erzählt zu werden. Wir werden nie müde davon

sein, die Geschichten neuer unbekannter Gesichter zu hören. Es ist erstaunlich, wie sehr sich Menschen gegenseitig bereichern können, wenn sie einander im Gespräch die Bühne bieten, ihre Geschichte zu erzählen, ohne wertendes Wort oder einen herablassenden Blick. Natürlich liebten wir die Musik. Die meisten Bands überzeugten mit ehrlichen Texten-aus dem Leben gegriffen, leicht zu verstehen. Es spielten Bands, deren Musikrichtung sich nur sehr schwer definieren lässt. Inmitten von all den alternativen Klängen ließen wir uns treiben. Manchmal war es auch schön, zusammen zu schweigen, sich zu umarmen und irgendwann doch zu tanzen, wenn man die Bewegungen im Flow der außergewöhnlichen Musik als solches definieren kann. Und wenn wir nach einem der vielen glitzernden Abende wieder zu dritt in unserem LKW lagen, schmeckten die Chips gleich viel besser als zu Hause, während im Hintergrund „Der Tatortreiniger" auf diversen Streamingplattformen lief, bis uns die Müdigkeit die Augen zuzog. Wir waren noch nicht mal zwei Wochen weg, doch es fühlte sich an, als wären wir seit Monaten unterwegs. Wir waren in einer anderen Welt, in der wir uns so wohl fühlten, dass wir unseren Alltag nun mittlerweile völlig ausgeblendet hatten. Es hätte ewig so weiter gehen können, wäre da nicht der Körper mit seinem Bedürfnis nach Ruhe und Schlaf.

Nach fast einer Woche war es so weit. Wir hatten eine wunderbare Zeit auf dem Festival, doch wir freuten uns auch auf das nächste Abenteuer. Aber der Reihe nach. Zunächst freuten wir uns noch auf zwei ruhige Tage in Wehrda, bevor es für uns weiter gehen sollte. Nach unserer Ankunft schliefen wir so lange, dass wir nach dem Aufwachen zunächst nicht einmal mehr wussten, in welchem Zeitfenster wir uns befanden.

All der zu kurz gekommene Schlaf der letzten Tage holte uns ein. Wir waren müde. Und wo wir schliefen? Da, wo Sandro vermutlich am besten träumen kann. Vor dem Elternhaus seiner beiden besten Freunde konnten wir halten und der Blick aus dem Fenster zeigte uns die Apfel- und Pflaumenbäume sowie das blau gestrichene Haus, das sofort zurück in

die Kindheit versetzt. Nicht nur, weil Sandro hier seine Kindheit verbrachte, sondern auch, weil das Haus aussieht wie das von Bibi Blocksberg in der Real-Verfilmung. Ein Film, der nach Kindheit klingt und ein Haus, das nach Kindheit aussieht, sind eine gute Mischung, um sich in eine Zeit zurückversetzt zu fühlen, in der man sich absolut sicher fühlte. Sandros beste Freunde aus Hessen sind Zwillinge. Doch auch sie verließen das Dörflein, um in der Großstadt ihr Glück zu finden. Ihre Häuslichkeit und liebevolle Art, wie sie es aus Hessen mit in die Stadt nahmen, ist geblieben. Die Herzlichkeit dieser Familie war ohnehin kaum zu überbieten. Wir wurden aufgenommen, als gehörten wir zur Familie. Und so kam es, dass die Oma der beiden uns vor unserer Abreise Frühstück machte. Eine sehr wertvolle Geste für uns beide. Besonders für Sandro, da er keine Oma mehr hat. Während wir an unseren Saftgläsern nippten, begann die alte Dame zu erzählen. Sie liebte das Camping, weshalb sie uns für unseren Mut bewundert.

So war sie früher mit ihrem Mann regelmäßig campen und wie sich solche Gespräche entwickeln, kam die Frage auf, wo die beiden überall waren. Wir hatten zu diesem Zeitpunkt noch keine Ahnung, wohin wir reisen würden. Doch wir wollten eine Stunde später abreisen. Langsam mussten wir uns entscheiden. Wir wollten nicht zu weit weg von Deutschland, um uns an unseren Kurt ohne Risiko gewöhnen zu können. Irgendwann kam die Reise in der Vergangenheit zum Stehen. „Oma, wo würdest du jetzt an unserer Stelle hin fahren?“, fragte Sandro die alte Dame. Er hatte sich irgendwann angewöhnt, jede betagtere Frau so zu nennen, auch wenn es nicht seine Oma ist. Die meisten finden es sehr lustig. Meine Oma fühlt sich davon sogar geschmeichelt, da sie sich sehr freut, dass er sie mittlerweile selbst ein Stück weit als seine Oma ansieht. Doch die gute Frau dachte nach. Und irgendwann schwärmte sie von der polnischen Ostsee. „Da gab es Strände, da hast du keine Menschenseele getroffen.“, erzählte sie. Und sie erzählte uns von einem kleinen Restaurant, in dem es die besten Pierogi der Welt gab. Nun saßen wir da und schauten uns fragend an, bis Sandro begann, die Route auf dem Navi einzugeben. Der Plan, ans Meer zu fahren, wäre nicht über Bord geworfen. Wir würden nicht weiter fahren als geplant. Nun wussten wir, wohin unser nächstes Abenteuer gehen würde. Wir packten unsere letzten Sachen, umarmten all die lieben Menschen um uns herum und brachen auf in unser Abenteuer. Polen. Ein Land, das wir beide noch nicht gesehen haben.

Doch genau darauf freuten wir uns. Wir sahen etwas Neues. Etwas, das wir beide noch nicht kannten. Dinge selbst zu erkunden. Das ist es, was wir jeden Tag tun würden, wenn uns der Alltag nicht hin und wieder seine Grenze zeigen würde.

Bis wir Polen erreichen würden, lag eine lange Strecke vor uns. Sie führte uns durch Deutschlands schönste Ecken. Zunächst fuhren wir von Hessen nach Niedersachsen. Wir waren gerade auf dem Weg in Richtung Osten und näherten uns mit großen Schritten Sachsen-Anhalt, als die goldene Stunde schlug. Die Sonne des Spätsommers tauchte die Landschaft in ein goldenes Kleid. Wir befanden uns gerade auf einer Landstraße. Links und rechts auch ein Baum an dem anderen. Kleine Fachwerkhäuser prägten das Landschaftsbild. Wir blickten in die Ferne und sahen eine alte Windmühle. Wie in einem Märchenfilm war sie völlig unberührt von moderner Restaurierung. Als wäre hier die Zeit stehen geblieben. Bewundernd blickten wir geradewegs auf das kleine Kunstwerk. Wir konnten nicht weiter fahren, ohne sie fotografiert zu haben. Doch wie wir sie erreichen sollten, war uns in diesem Dorf ein Rätsel. Alle Wege führten nur auf die Rückseite des Geländes. Doch von vorn war die Mühle nicht zu sehen. Wir drehten eine Runde nach der Anderen durch das Dorf, bis die Sonne untergegangen war. Doch wir hatten Glück. Wir erhaschten zumindest einen Blick auf die seitliche Ansicht der Windmühle aus der Ferne. Für ein qualitativ hochwertiges Foto reichte diese Ansicht leider nicht, doch wir waren dennoch zufrieden, diesen schönen Ort in Deutschland gefunden zu haben. Schlichtweg durch Zufall. Zufälle prägten auch unsere weitere Reise. Sie sind es, die uns die schönsten Abenteuer bescherten. Dies war erst der Anfang.

Wir wollten noch einige Kilometer weiter fahren. Es wurde bereits dunkel. Wir wussten, dass unsere Müdigkeit es nicht zulassen würde, am gleichen Tag noch die polnische Grenze zu passieren. Doch wir wollten zumindest noch bis ins nächste Bundesland weiter fahren. Tatsächlich kamen wir noch in Sachsen-Anhalt an. Polen war besonders eins-spontan. Wir stellten unser Navi, ohne uns die Route genauer anzuschauen. Autobahnen vermieden wir. Das tun wir meistens. Sie sind beengend schnelllebig und halten uns davon ab, die Reise selbst als Ziel zu betrachten. Landstraße zu fahren gab uns völlig neue Möglichkeiten, die Welt um uns herum zu erkunden. Es war bereits einiges nach 22 Uhr, als uns ein gelbes Ortsschild ins Auge fiel. Wir waren tatsächlich in Calbe. Unser letzter Aufenthalt dort war gar nicht so lange her. Wir lächelten. Hier lebten Aylas Eltern. Wir wurden etwas sentimental. Wie ergreifend der Moment war, als wir ins Auto in Calbe eingestiegen sind mit diesem kleinen Hundemädchen, das von nun an unser Hund sein sollte. Wie klein unsere Ayla noch war, als wir sie hier abholten. Wir schauten sie an.

Sie hat sich vom kleinen geplatzten Sofakissen zu einem anmutigen Hundemädchen entwickeltet in so kurzer Zeit, dass man ihrem Wachstum regelrecht zuschauen konnte. Ihre ängstliche Art hatte sich schnell gelegt. Wir konnten eine Bindung zu ihr aufbauen, sodass sie uns als ihre neue Familie schnell akzeptierte und nun war sie so weit, dass

wir mit ihr verreisen konnten. Ayla war das alles egal. Sie war längst ins Land der Träume versunken und stieß einen tiefen Seufzer aus. In Gedanken versunken fuhren wir noch etwa eine Stunde so weiter. Wir redeten nicht viel, doch unangenehm war diese Gesprächspause nicht. Etwas müde lauschten wir der Musik und Kurts Motoren- und Reifengeräuschen. In einem kleinen Ort namens „Poritz" kamen wir zum Stehen. Der Parkplatz war nicht der schönste, doch wir wollten hier nur ein paar Stunden schlafen und nicht mehrere Tage verbringen, weshalb es okay war. Der Ort war sehr schön, geziert von Fachwerkhäusern. Doch ein wenig schmunzeln mussten wir schon, dass er so gut unseren Gemütszustand beschrieb. Wir fielen ins Bett und gingen unserem Einschlafritual nach. Während Andere sich beruhigende Hörbücher oder Naturklänge anhören, bevorzugen wir Dokus über Serienkiller, deren Inhalt wir im Schnitt etwa fünf Minuten mitbekommen, bis wir einschlafen. Am nächsten Tag hören wir diese Doku mit fünf Minuten vorspulen weiter, sodass wir im Schnitt eine Woche brauchen, um eine ganze Folge zu hören. Doch wer ist schon normal.

Verfolgt nicht jeder Mensch gewisse Rituale? Sie geben uns Sicherheit und Orientierung. Sie stecken den Rahmen, in dem wir uns wohlfühlen. Je öfter wir mit unserem Kurt unterwegs sind, umso mehr beobachten wir auch an uns selbst, dass sich bereits gewisse Rituale bei uns auf Reisen eingeschlichen haben. Vielleicht ist das auch einer der Gründe, warum wir uns auch unterwegs überall zu Hause fühlen, wenn wir in unserem LKW sind. Doch nun standen wir auf diesem Parkplatz in Poritz und wurden von zwei älteren Damen geweckt, die sich etwas lauter als durchschnittlich darüber unterhielten, wohin wir wohl mit diesem Fahrzeug möchten. Im Normalfall hätten wir uns aus dem Fenster zu erkennen gegeben und die Fragen beantwortet, doch der Zustand kurz nach dem Aufwachen ist noch nicht im Rahmen der Normalität. Dass wir mit Kurt auffallen, ist uns durchaus bewusst. Anfangs war dieses

Gefühl für uns sehr befremdlich, manchmal auch lustig. Doch mittlerweile sind wir es gewöhnt. Wie sehr wir noch auffallen würden, wussten wir zu diesem Zeitpunkt allerdings noch nicht…

Wir setzten also unseren Weg fort. Usedom war unser nächstes Ziel und danach die polnische Ostsee. Diesmal waren wir konsequent. Wir waren ausgeschlafen und motiviert, unser Ziel zu erreichen. Wir setzten unseren Weg fort ohne Pause, bis wir tatsächlich nach einigen Stunden diese sonnige Insel erreichten.

Ob die Insel Usedom tatsächlich das sonnigste Gebiet Deutschlands ist, können wir nach unserer kurzen Durchreise nur schwer beurteilen, doch wir hatten mit dem Wetter Glück. Es war sonnig, allerdings nicht so heiß, dass die Fahrt für uns unangenehm war. Nach kurzer Zeit erreichten wir die polnische Grenze. Irgendwie fühlten wir uns plötzlich wie zu Hause. Da Klingenthal der Nachbarort zur tschechischen Grenze ist, fahren wir sehr häufig nach Tschechien. An Klingenthal grenzt Graslitz -eine tschechische Kleinstadt, die geprägt ist von vielen Neubaublöcken am Ortseingang, allerdings auch durch alte Villen glänzt. Man könnte meinen, die Zeit stünde einige Jahrzehnte zuvor still. Doch genau dieser Charme versprüht auch einen gewissen Reiz auf uns. Der Ort war dem uns vertrauten Graslitz sehr ähnlich. Das Navi hatte eine eigenartige Weise, uns zu führen, denn wir standen plötzlich in einem Wohngebiet, bis wir schließlich in eine Gegend fuhren, die einem Industriegebiet ähnelte. Ob wir hier wirklich richtig waren? Wir kamen ins Zweifeln. Doch nun sagte unser Navi uns, wir müssten ein Stück mit der Autofähre weiter fahren. Ich verdrehte die Augen. Musste das denn unbedingt sein? Schiff zu fahren löst in mir keine Angst aus, doch vor der Kraft des Wasser hatte ich schon immer höchsten Respekt. Keine zehn Pferde würden mich auf ein Kreuzfahrtschiff im Atlantik bringen.

Ein weiterer unschöner Nebeneffekt einer Schifffahrt, war schon seit Längerem meine Übelkeit, sobald ich ein Schiff betrat. Doch die Fahrt sollte nur drei Minuten dauern. Vielleicht war das noch folgenlos. Wir stellten uns in der Schlange von Autos an und warteten darauf, dass uns jemand einweist. Allerdings mussten wir zunächst zahlreichen PKWs die Vorfahrt gewähren. Es blieb somit genug Zeit, um die Möwen zu beobachten, die ihre Kreise über dem kleinen roten Leuchtturm an der Anlegestelle zogen. Wir waren wirklich am Meer. Es roch sogar danach. Der Duft von Freiheit durchströmte unseren Kurt, als uns die Fahrt auf die Fähre gewährt wurde. Wie viele Autos auf eine solche Fähre passen. Während Sandro sich freute, mit Kurt über Wasser zu sein, fixierte ich den Mast der Anlegestelle an. Mein Kopf arbeitete auf Hochtouren und versuchte, die Bewegung des Schiffes und den Stillstand unseres Fahrzeugs sowie der Landschaft in Einklang zu brin-

gen. Dies gelang nur mäßig, denn mir war an der anderen Seite des Ufers ordentlich übel. „Bis nächstes Jahr müssen wir deine Seekrankheit aber in den Griff bekommen. Da wird die Schiffsfahrt länger.“, riss mich Sandro mit seinem leicht belustigten Grinsen aus den Gedanken. Ich rollte die Augen: „Na du hast leicht Reden. Weißt du, wie doof es ist, seekrank zu sein?“. Glücklicherweise war meine Übelkeit nach einer halben Stunde verflogen. Nun konnten wir uns wieder den schönen Dingen widmen. Wir fuhren durch die langen Straßen des Hinterlands.

Der säuerliche Duft der Wiesen und Bäume steigerte unsere Sehnsucht nach dem Meer. Doch wir mussten uns noch etwas gedulden. Je näher wir der Küste kamen, umso belebter wurden die Ortschaften. Kleine Läden und Kneipen prägten die Lebendigkeit der Orte. Und dann passierte etwas völlig Verrücktes. „Guck mal, der Hund wurde aber auch gut gefüttert.“, sagte Sandro völlig entsetzt. Ich blickte aus dem Fenster. Nun sah ich dieses große Tier auch. Locker war der Hund drei mal so groß wie Ayla. Plötzlich drehte er sich um und unser Gesicht schlief zeitgleich ein. Es war ein Wildschwein. Mitten in der Menschenmenge drehte es gemütlich seine Runden und ließ sich von niemandem aus dem Konzept bringen. Nachdem der erste Schock verflogen war, mussten wir nur noch lachen. Im Vogtland ein Wildschwein zu sehen, ist nicht unwahrscheinlich, allerdings war dies unsere erste Begegnung mit einem innerhalb der Ortschaft. So kamen wir in Polen an. Wir erlebten in den ersten Stunden mehr Natur als zu Hause. Doch die Schlafplatzsuche war ebenfalls turbulent. Wir suchten uns via Campingapp einen geeigneten Parkplatz. Dies war anhand unserer Ansprüche gar nicht so einfach. Regel Nummer eins, wenn man im LKW schläft, ist eine einigermaßen gerade Fläche. In Schräglage zu schlafen, ist unangenehm und ja, natürlich haben wir auch das bereits versucht. Doch nun mit unseren Holzblöcken den LKW gerade zu stellen, wäre sicher möglich gewesen. Nur waren wir beide sehr müde und wollten nur noch parken, um uns in unserem gemütlichen Bett niederzulassen. Und wir wollten das Klischee mit seinem vollen Programm. Aufzuwachen und das Meeresrauschen zu hören, das war unser Ziel, fernab von jeglichen Menschenmengen. Im Idealfall nahe der unberührten Natur. Ja, durchaus hohe Ansprüche hatten wir und wir lernten im Laufe der Reise immer mehr, auch Abstriche machen zu können. Doch wir wurden fündig. Wir befuhren einen Parkplatz nahe des Badestrands. Wir waren nicht die Einzigen Camping-Fahrzeuge, doch es gab ausreichend Platz, sodass jeder seine Privatsphäre vollumfänglich ausleben konnte. Die Dämmerung tauchte die Natur in ein Kleid von rötlich-orangen bis violetten Blautönen. Es war bereits fast 22 Uhr. Doch egal, wie spät es war. Wir mussten das Meer sehen. Und wir waren gespannt auf Aylas Reaktion. Eine kleine Düne trennte unser wandelndes Zuhause vom Blick aufs Meer. Wir schlüpften in unsere

Sandalen und schlenderten in Richtung der Strandpromenade. Eine Traube von Menschen kam uns entgegen. Die letzten Badegäste traten ihren Heimweg an. Wir schwammen wie immer gegen den Strom. Wir kamen, während alle gingen. Bunte Lichterketten prägten das Bild der Promenaden. Herzberg-Feeling stieg in uns auf. In der warmen Sommerluft sammelten sich die Gerüche der verschiedensten Speisen. Eine Cocktailbar war noch geöffnet. Wir überlegten kurz. Doch wir wussten beide, dass wir aufgrund unserer Müdigkeit wohl kaum einen ganzen Cocktail schaffen würden. Die Wahrscheinlichkeit einer Karusellfahrt im Bett wäre durch die Hitze ebenfalls hoch, weshalb wir weiter schlenderten, geradewegs auf das Meer zu.

Da war es nun endlich- das Meeresrauschen. Du kannst noch so oft das Meer gesehen haben- es verliert nie seine Faszination. Sein Rauschen bringt selbst den stärksten inneren Wirbelsturm für kurze Zeit ins Gleichgewicht. Wir zogen unsere Sandalen aus und ließen die Sandkörner durch unsere Zehen gleiten. Wir laufen beide gern barfuß. Es gibt uns das Gefühl, näher mit der Natur verbunden zu sein. Sie bewusst an der Haut zu spüren, kommt der Intensität einer innigen Umarmung gleich. Barfuß zu sein in der Natur befreit uns und lässt uns kurz ausbrechen aus einem alltäglichen Hamsterrad. Dann war da noch unsere Ayla. Wie sie es fand? Wir würden sagen, reizüberflutend. Da war plötzlich so viel Sand und nur zwei Pfoten zum buddeln. Sie

wusste nicht, wohin sie zuerst flitzen sollte, um ihrer Lebensfreude freien Lauf zu lassen. Doch sie entschied sich für die unsererseits unangenehmste Version. Sie rannte auf eine fremde Frau geradewegs zu, die mit dem Rücken zu einem Strandkorb einen Facetime-Anruf startete. Doch Ayla hat schon immer ein kleines Distanzproblem. Sie rannte auf die Frau zu und schlug ihr das Handy aus der Hand, um ihre Küsschen zu verteilen. Peinlich berührt drückten wir unsere Entschuldigung in allen Sprachen aus, die wir konnten. Doch sie war sehr erschrocken. Nicht jeder Mensch möchte von einem aufgeregten Welpen überfallen werden und das ist völlig verständlich. Somit ließen wir sie von nun an im Dunkeln besser an der Leine. Wir waren bereit. Wir liefen zum Rand, bis die Wellen zärtlich unsere Füße umspielten. Trotz der hohen Temperaturen war das Wasser relativ kalt. Es würde Überwindung kosten, darin zu schwimmen. Doch die Füße gewöhnten sich schnell an die Temperatur. Nur mussten wir uns abwechseln, um unsere Füße ins Wasser zu halten, denn Ayla durchkreuzte unseren Plan eines romantischen Spaziergangs barfuß durch das Wasser. Wie kann etwas plötzlich auf einen zu rasen und wieder verschwinden? Die Wellen waren ihr suspekt. Sie reagierte fast schon ängstlich, sah sie eine Welle direkt auf sich zukommen. Wir gaben uns Mühe, nicht zu lachen, doch ihr zurück springen, sobald sie eine Welle sah, war zeitweise schon sehr lustig. Ayla bei der Erkundung der Welt zu beobachten, ist immer wieder faszinierend. Wie dieses kleine Hundemädchen viel bewusster die Natur wahrnimmt als wir es tun, weil vieles für sie völlig neu ist. Es lässt uns daran denken, wie viele Wunder um uns herum geschehen, die für uns so selbstverständlich sind wie unser tägliches Aufwachen. Doch das ist es nicht. Nichts ist selbstverständlich. Ayla öffnet unsere Augen oft für das Leben um uns herum. Wir waren dankbar, nun angekommen zu sein. Das erste Foto des Meers war entstanden, um diesen einzigartigen Moment festzuhalten.

Zurück im LKW erlebten wir eine lustige Überraschung. Jemand hatte unseren Kurt fotografiert und uns dieses Foto geschickt mit dem Kommentar, was das doch für ein schönes Fahrzeug sei. Wir rechneten mit einem erwachsenen Mann unseres Alters, doch es sollte anders kommen. Es freute uns, dass Menschen unsere Website besuchten, die wir dezent an unserer Außenseite angebracht hatten. Es freute uns immer wieder, Menschen ein Lächeln ins Gesicht zu zaubern. Dieses Lächeln, das besonders die Männer uns entgegen bringen, wenn sie ein so seltenes Fahrzeug wie unseres vorbei fahren sehen. Eines Tages werden wir uns eine besondere Retro-Hupe zulegen. So viel steht fest. So können wir besonders Kindern ein Lächeln ins Gesicht zaubern, wenn sie winken, während wir vorbei fahren. Ja, das ist uns tatsächlich schon oft passiert. Doch es ist immer wieder ein tolles Erlebnis. Mit dieser lustigen Erkenntnis fielen wir ins Bett.

Der nächste Tag sollte ebenso interessant verlaufen. Der junge Mann, der uns erkannt und am Vortag auf Instagram kontaktiert hatte, war zurück gekommen mit zwei Freundinnen. Etwas ungläubig schauten wir das Trio an. Vor uns standen drei Teenager. Wir rechneten bei einem LKW-Fan doch tatsächlich mit einem erwachsenen Mann, der uns fotografiert hatte. Doch es war tatsächlich ein Junge, schätzungsweise war er nicht älter als 14 Jahre. Wir konnten ihn nicht gehen lassen, ohne ihm etwas mitzugeben. Sandro zückte einige unserer Aufkleber aus dem Handschuhfach. Der Junge lächelte glücklich. Seine beiden Begleiterinnen auch. Sie bekamen ebenfalls einen Aufkleber. Eine Begegnung, an die wir uns immer positiv erinnern werden. Doch so aufzufallen, dass man sogar von Menschen angesprochen wird, bleibt wahrscheinlich immer ein ungewöhnliches Gefühl. Es sollte uns auf dieser Reise noch öfter passieren. Etwas geschmeichelt gingen wir die Strandpromenade entlang auf der Suche nach einem Stand, an dem wir polnische Pierogi probieren konnten. Nachdem uns besonders die Oma von Yannic und David bereits davon vorgeschwärmt hatte, wollten wir uns selbst ein Bild machen. Wir wurden schnell fündig. Nur über die verhältnismäßig geringe Anzahl der gefüllten Teigtaschen waren wir etwas verwundert. Doch der Koch wusste, warum. Die Pierogi machten so satt, dass wir nicht mehr davon geschafft hätten. Nun hatten wir Punkt Nummer eins auf unserer To-Do-Liste geschafft. Was sollen wir sagen? Es schmeckte ausgezeichnet. Wobei wir an der Stelle vielleicht erwähnen sollten, dass man uns mit nahezu jeder Speise glücklich machen kann, die auch nur ansatzweise mit Teigwaren oder Pasta in Verbindung gebracht werden kann.

Doch nun freuten wir uns auf ein erfrischendes Bad. Wir hatten eine Mission: unseren Hund an das Wasser zu gewöhnen. Doch wie es bekanntlich üblich ist, wenn das Leben in Pläne hinein spielt, hatte Ayla zu große Angst vor den Wellen. Sie machte einen Satz zurück. Etwas Weißes, Glibberiges zeichnete sich von dem klaren Wasser ab, auf dessen Grund wir am Rande ungetrübt durchsehen konnten. Beim genaueren Hinschauen erkannten wir, was es mit dem Gegenstand auf sich hatte, den Ayla plötzlich so anvisierte. Es war eine Qualle. Je länge wir auf das Wasser blickten, umso mehr von ihnen bekamen wir zu sehen. Quallen in allen Größen. Die Tentakeln waren rötlich bis violett und hoben sich von dem restlichen Körper deutlich ab. „Das werden tolle Unterwasser-Aufnahmen.", freute sich Sandro und zückte schnell die Kamera-fertig zum Untertauchen. Er sollte recht behalten. Aus der Nähe sahen die Quallen in ihrer fließenden Bewegung noch faszinierender aus. Wie einfach dieser Organismus gebaut ist und doch so viel leisten kann. Während Sandro ein Video seiner Aufnahmen zusammen schnitt, nutzte ich die Zeit, um mich über Quallen zu informieren. Das ist ein geheimer Tick von mir. Immer wenn ich Dingen in meiner Umgebung begegne, die mir neu sind, packt mich der Wunsch nach weiteren Information, weshalb ich beginne, mich mit neuen Eindrücken genauer zu beschäftigen. Doch die Quallen faszinieren mich bis heute. Sie durchleben keinen Alterungsprozess, weshalb sie ohne natürliche Feinde tatsächlich unsterblich sein könnten. Und wir glauben auf unserer Erde nicht an Wunder? Natürlich ist es unwahrscheinlich, dass eine Qualle nie getötet wird und für immer überlebt, denn natürliche Feinde hat sie genug. Doch allein die Fähigkeit, in der Theorie unsterblich

sein zu können, macht dieses einfach gestrickte Wesen so viel stärker als wir Menschen es sind. Diese Momente führen wir uns immer wieder vor Augen. Es sind Eindrücke, die unsere Lebenseinstellung prägen und das, was wir tun. Doch darauf kommen wir im nächsten Kapitel.

Was möchte jemand wissen, der ein Kapitel über unsere Reise nach Polen liest? Vermutlich das Gleiche, das uns unsere Freunde fragten, als wir zurück kamen. Wie es denn war, was wir erlebt haben oder welche Unternehmungen wir durchlaufen haben. Kurz gefasst- es war sehr schön, doch unternommen haben wir wenig. Klingt langweilig, war es aber nicht. Erlebnisse sind nicht an Unternehmungen geknüpft. Wir zogen weiter- der Strandparkplatz war schön, doch wir wollten mehr Nichts. „The middle of nowhere"- oder so ähnlich. Wir waren auf der Suche nach einem Leuchtturm, den wir gern auf einem Foto in unseren symbolischen Souvernirkoffer gepackt hätten. Wir fanden ihn auch. Er war wunderschön. Ein Leuchtturm wie aus dem Bilderbuch. Einer, dessen Nachbauten in sämtlichen Maßstäben zur Badezimmerdekoration erhältlich sind. Doch eine Tatsache bedachten wir nicht. Wir waren nicht allein. Das wäre kein Problem, an diesem Ort wurde dem Nicht-allein-sein aber eine andere Dimension verliehen. Zahlreiche Souvenirshops und gastronomische Stände lockten die Besucher. Es waren so viele Menschen an jeder Ecke, dass es unmöglich war, ein authentisches Foto zu machen, ohne mit dem Datenschutz zu kollidieren. Doch bitte verstehe uns nicht falsch. Wir gönnen jedem den Blick auf diesen fabelhaften Leuchtturm, doch wollten wir für das Foto in diesem Moment lieber allein sein. Mit Sicherheit ist es auch sehr schön, in einer größeren Gruppe gemeinsam ins Getümmel einzutauchen und gemeinsam das Leben zu feiern. Doch unsere Vorstellung von Erholung als Paar ist eine andere. Wir verzichteten auf die wunderbare Fotokulisse und zogen weiter. Der Himmel färbte sich allmählich wieder orange. Die Ränder des Himmelsgemäldes verliefen in einen zarten Rosaton und wir waren immer noch auf der Suche nach einem Parkplatz. Das polnische Hinterland erschien endlos. Das Grün der Wiesen erschien uns in dem Farbenspiel des Sonnenuntergangs immer dunkler und satter als bereits zuvor. Sandro bremste.

Die Aluminiumboxen auf unserem Dach klirrten durch die Erschütterung. „Hast du den grad gesehen?“, fragte mich Sandro. Verwundert schaute ich aus dem Fenster. „Ich sehe nichts“, entgegnete ich. Er zeigte geradewegs auf den See zu unserer Linken. Nun sah ich ihn auch. Es war ein weißer LKW. Die Ähnlichkeit zu unserem war deutlich. Sandro bog ab in einen engen Schotterweg. Es handelte sich um einen kleinen Campingplatz. „Lass uns mal schauen, wie die so drauf sind. Vielleicht können wir gemeinsam ein Foto machen.“, meinte er. Gesagt, getan. Wir kamen an auf dem Campingplatz und parkten direkt neben dem LKW.

Unser Gefühl sollte uns nicht täuschen. Es war tatsächlich ein Camping-LKW von MAN. Nur war dieser noch einmal deutlich größer und etwas jünger als unser Kurt. Das Führerhaus hatte vier Türen, sodass hinten ebenfalls noch eine Sitzbank angebracht war. Somit war es sehr familienfreundlich. Eine Frau mittleren Alters mit mittellangen braunen Haaren blickte aus dem Fenster des Wohnkoffers. Sie trug eine Sonnenbrille. Ob wir ungelegen kommen? Doch höflich fragen kostet nichts.

Unsere Bedenken waren unberechtigt. Wir trafen auf ein nettes Pärchen, das uns freundlich empfing. Die Dame, welche uns durchs Fenster bereits sah, war Birgit. Gemeinsam mit ihrem Lebensgefährten Jürgen war sie gerade auf einer längeren Tour in die Ungewissheit. Jürgen bot uns einen Platz auf seiner Campingbank an. Die beiden hatten sich ein gemütliches Lager eingerichtet an dem kleinen See. Ehe wir uns versahen, hatten wir ein Bier vor uns auf dem Tisch stehen. Doch bevor wir nun über die Vorzüge eines kalten Dosenbiers ins Schwärmen kommen, erzählen wir dir lieber noch etwas von Jürgen und Birgit. Die beiden sind nämlich total cool. Nachdem sie uns auf ein kühles Bier einluden, kamen wir ins Gespräch. Die beiden sind uns um einige Erfahrungen voraus. Über Jahrzehnte hinweg waren die beiden bereits auf Reisen, bevor sie sich kennen lernten und ihre Leidenschaft miteinander teilten. Wir konnten ihnen ewig zuhören und wären vermutlich nie

müde davon geworden. Besonders in Europa waren sie nahezu überall. Jürgen erzählte uns viel über seine Reisen nach Afrika. Viele unserer Reiseziele konnte er bereits erreichen. Wir hätten die ganze Nacht weiter reden können. Doch Jürgen hatte eine bessere Idee. Die beiden wussten ebenfalls noch nicht, wohin sie ihre Reise fortsetzen wollten. Sie fragten uns nach unserem nächsten Ziel. Wir antworteten: „Da soll ein schöner Stellplatz mit Meerblick auf einem Hügel sein.“. Wir zeigten den Stellplatz den beiden auf der Karte und sie beschlossen, uns am nächsten Tag zu folgen.

Der Himmel hatte bereits sein schwarzes Tuch gespannt und die ersten Sterne leuchteten, als wir aufbrachen. Wir würden die beiden wieder sehen. Darauf freuten wir uns sehr. Etwa eine halbe Stunde war vergangen, seit wir bei Jürgen und Birgit waren. Doch nun näherten wir uns dem nächsten Ziel. Wir auf die Dünen mit angeblichem Meerblick und so abgelegen, dass nur Allrad-Fahrzeuge sie mit Leichtigkeit erreichen können. Das klang nach Ruhe und Abenteuer zugleich- genau die Mischung, wonach wir suchten. Zu viel wurde uns nicht versprochen. Der schmale Weg war von Löchern geprägt in jeder Ausführung. Große und kleine, breite und schmale. Das Gras und Gestrüpp an den Rändern war an einigen Stellen einen Meter hoch gewachsen. Die Dunkelheit machte es uns nicht einfacher.

Nachdem wir einen einigermaßen geraden Platz gefunden hatten, stiegen wir aus. Das Unkraut um uns herum war spitz und wir nahmen auf dem Weg in unseren Wohnkoffer die eine oder andere Distel mit, die einen stechenden Schmerz hinterließ. Mittlerweile hatten auch die Mücken von uns erfahren. In riesigen Scharen eilten sie auf uns zu bis wir uns nicht mehr trauten, unsere Taschenlampen anzuschalten. Wir tasteten uns durchs Dunkle in unseren Wohnkoffer hervor und stellten sicher, dass unsere Fenster geschlossen sind. Was für ein Angriff! Wir schauten vom Gesicht auf unsere Körper hinunter. Ein Mückenstich reihte sich an den nächsten. Auch unser Gesicht war nicht davon verschont. Enttäuschung machte sich bei mir breit. Sandro behielt einen kühleren Kopf. Er sagte: „Lass uns erstmal schlafen gehen und schauen, was der nächste Morgen bringt.“ So hatten wir uns einen traumhaften Parkplatz mit Meerblick nicht vorgestellt. Die Erschöpfung vom Tag machte unsere Körper schwer, sodass wir sehr schnell den Weg in unser Bett fanden, in dem wir am nächsten Morgen friedlich aufwachten. Die Sonne strahlte in unser Dachfenster. Langsam richtete Sandro sich auf, während er an einem seiner Mückenstiche am Schienbein kratzte. Da war ja was! Die unschöne Erinnerung des letzten Abends erschien wieder vor unseren Augen. Langsam öffnete Sandro das Fenster und schob den Vorhang zurück. „Schau dir das mal an.“, rief er. Ich ging zu unserem Esstisch und schaute aus dem Fenster. Nie zuvor glaubten wir an Perfektion, bis wir diesen Ausblick sahen. Um uns herum ragte immer noch das Gestrüpp empor. Doch nun sah es gar nicht mehr so hässlich aus wie im grellen Weißlicht unserer Taschenlampe. Wir standen auf einem Hügel mitten in der unberührten

Natur. Unter uns ragte die Düne hervor, die den Weg ebnete zum türkis-blauen Meer. Ein leichter Windstoß durchflutete unseren LKW. Von Weitem konnten wir die weißen, schaumigen Kuppen der Wellen sehen. Das Rauschen des Meeres vereinte sich mit den Klängen der Möwen. Keine Musik der Welt konnte so schön sein wie diese Klänge auf unseren Ohren. Das Leben holte uns mal wieder ein. Wir betraten diesen Ort mit Wut auf die Mücken und das Gestrüpp. Wut darauf, dass wir den einen oder anderen Kratzer und Mückenstich davon getragen haben und machten nun die erstaunliche Erkenntnis, dass all das für unberührte Natur spricht. Wir befanden uns im Nichts. Hier wurde keine Wiese gemäht. Die Natur zeigte sich uns so, wie sie war, bis wir nun mit dieser überwältigenden Kulisse belohnt wurden. Von der Wut, über eine wertvolle Erkenntnis bis zur Belohnung. Von selbst wären wir ohne eine Bekannte, die wir während dem Schreiben dieses Buches getroffen haben, nie darauf gekommen, dass uns in diesem Moment das Leben eine Lektion erteilte. — An der Stelle liebe Grüße an Anja! — Wir hielten diese Kulisse fest ins unseren Erinnerungen und auf unseren Kameras. Nun warteten wir auf Jürgen und Birgit. Die beiden ließen nicht lang auf sich warten. Wir saßen beisammen und sprachen über die Reisen der beiden. Was das Alter anbetraf, konnten die beiden problemlos unsere Eltern sein. Doch sie waren uns in vielen Dingen ähnlicher als die meisten Bekannten in unserem Alter. Den Abend wollten wir mit einem gemeinsamen

Abendessen am Feuer ausklingen lassen. So legten wir Bratwurst und Steaks auf den Grill und ich bereitete mein berühmtes Pfannenbrot zu. Das durfte nicht fehlen, da es Sandros Lieblings-Outdoor-Gericht ist. Die Aufgabenteilung funktioniert bei uns ohne Worte mittlerweile- Hand in Hand. Er begann die ersten Pfannenbrote über der Flamme zu braten, während ich aus dem Teig weitere Fladen formte. Dazu ein selbst gemachter Kräuterquark und fertig war das rustikale Abendessen, das uns mit diesem Meerblick besser schmeckte als es jedes Gourmetgericht im Restaurant getan hätte. Und da wir von Gin Tonic nach dem Festival zunächst genug hatten, freuten wir uns über einen Rum mit Cola, den uns Jürgen und Birgit wie selbstverständlich mit raus stellten.

Es war ein Geben und Nehmen zwischen uns, auch in den darauf folgenden Tagen. Jürgen und Birgit sollten uns noch länger begleiten als wir dachten. Wir verbrachten noch weitere drei Tage zusammen an diesem wundervollen Ort. Es war genau so, wie wir uns vorstellten zu reisen. Manchmal saßen wir zusammen und manchmal gingen wir unsere eigenen Wege. Die beiden sind ebenfalls sehr talentiert in der Fotografie.

So entstand auch die Drohenaufnahme, die du in diesem Buch hier siehst. Die Gesprächsthemen gingen uns nie aus. Die beiden erweiterten in jeder Hinsicht unseren Horizont.

Doch dazu kommen wir noch. Nun soll es darum gehen, was wir erlebt haben. Wie erlebt man etwas, ohne etwas zu unternehmen? Die Antwort ist einfach. Setze dich in dein Fahrzeug, fahre los und schaue, was passiert. Auch der schönste Ort sollte irgendwann hinter uns bleiben. Die Erfahrungen, die wir auf diesem Hügel sammelten, waren einmalig. Wir führten unsere Körperhygiene im Meer durch bei 19 Grad Außentemperatur. Unsere Haare wuschen wir im Meer. Auch wenn wir mehrere Anläufe brauchten, bis wir uns tatsächlich mit dem gesamten Körper in das kalte Wasser trauten, war die wohltuende Wärme unserer Kleidung danach eine der kleinen Freuden dieser Reise. Und wir lernten, Wäsche ohne eine Waschmaschine zu waschen. Unsere Wäsche wurde auch ohne den Luxus einer Maschine sauber, denn wir legten sie in eine Kunststoffkiste, gefüllt mit Wasser und Waschmittel. Unsere Füße ersetzten die Schleuder. Wir liefen mehrfach über unsere Wäsche, nachdem das Waschmittel einwirkte. Ja, es funktioniert. Das Leben fernab unseres alltäglichen Luxus ist möglich. Doch wir würden lügen, würden wir sagen, dass es keine Umstellung war. Nachdem wir unsere Campingfertigkeiten um einiges erweitern konnten, ließen wir nun den traumhaften Hügel hinter uns und fuhren die Küste immer weiter entlang in

Richtung Danzig. Der Geburtsort von Sandros Großvater war das Ziel. Jürgen und Birgit begleiteten uns. Wir fanden einen neuen Schlafplatz direkt an einer Düne, etwa 50 Meter entfernt vom Meer. Und was wäre ein gutes Buch ohne ein wenig Spannung? Achtung, nun kommen die ersten Krimi-Elemente ins Spiel.

Ein PKW parkte einige Meter von uns entfernt. Am Steuer saß ein älterer Herr. Sein Haar war streng nach hinten gekämmt und er trug trotz sommerlicher Temperaturen eine schwarze Lederjacke. Von weitem erkannten wir, wie er sein Telefon zückte. Es war offensichtlich. Er beobachtete uns. Doch wir ließen uns davon vorerst nicht verunsichern. Vielleicht hatten wir uns auch getäuscht, denn einige Minuten später fuhr er weiter. Dafür kam neuer Besuch auf uns zu. Birgit und Jürgen waren gerade im LKW, während Sandro und ich draußen unsere frisch gekochten Spaghetti genossen. Zwei Polizeibeamte wollten mit uns sprechen. Leider sprachen sie kein deutsch, doch warum sollten sie auch? Wir waren in Polen. Wir konnten nicht voraussetzen, dass in einem anderen Land auch unsere Sprache gesprochen wird. Also berichtete uns einer der Beamten die Problematik auf englisch. Er erklärte, die Polizei habe einen anonymen Anruf erhalten, dass hier ein Militärfahrzeug über Nacht parken würde. Wir mussten kurz unser Grinsen unterdrücken. Ein ehemaliges Militärfahrzeug in einer anderen Farbe zu streichen reicht offensichtlich nicht aus, um

Irrtümern vorzubeugen. Wieder eine neue Lektion. Doch so lustig war es in dem Moment nicht, denn die Polizei wollte auch unsere Pässe sehen. Dass wir tatsächlich keine militärischen Interessen verfolgen, glaubten sie uns erst nach Vorlage unserer deutschen Pässe. Sie erklärten uns, dass sie uns sogar erlauben würden, an unserem wunderbaren Parkplatz stehen zu bleiben. Allerdings wollten sie nicht weitere panische Anrufe von Anwohnern aufgrund dieses Irrtums, weshalb sie uns leider des Platzes verwiesen. Also kein Nachtlager mit Meerblick. Was uns anfangs noch etwas traurig stimmte, ist mittlerweile eine lustige Anekdote, wenn wir über unsere Reise nach Polen berichten. Doch es sollte nicht die einzige dieser Art bleiben.

Zunächst verbrachten wir die Nacht an dem nächstgelegenen Parkplatz. Schön und komfortabel sah anders aus, doch es war okay. Wir beschlossen, am folgenden Tag weiter in Richtung Festland zu fahren. Die touristische Ostseeküste war an den ruhiger gelegenen Orten wunderschön, doch uns lief die Zeit davon. Wir passierten viele kleine Dörfer, bis wir am nächsten Tag im Geburtsort von Sandros Großvater ankamen. Ein kleines, gepflegtes Dorf, umgeben von Feldern. Das Zentrum bildete eine verhältnismäßig große Kirche für diesen kleinen Ort. Die Ziegelsteine hoben sie farblich von den anderen Reihenhäusern hervor, die wie im Spalier an ihr entlang führten. Wir schauten uns um. Es war sehr ruhig. Keine Menschen waren auf der Straße zu sehen.

Nur die heilige Mutter Gottes war kunstvoll am Zaun der Kirche angebracht. Der polnische Katholizismus war kaum zu übersehen in einem der vielen kleinen Orte. Doch auch wenn wir den katholischen Glauben nicht teilen, bewunderten wir in jedem kleinen Ort die Kunstwerke, die ihn zum Ausdruck brachten. Doch zurück zu Opa Olafs Geburtshaus. In unserer Vorstellung war es heruntergekommen und leer. Dem war glücklicherweise nicht so. Das kleine Einfamilienhaus war liebevoll hergerichtet. Ein kleiner Vorgarten verlief zur Eingangstür. Auf den Fensterbänken erstrahlten Geranien in den unterschiedlichsten Farben. Sandro zückte seine Kamera. Dieses liebevoll hergerichtete Haus musste er seinem Opa unbedingt zeigen. Ihn würde es sicher auch freuen zu sehen, dass sein Elternhaus noch in so gutem Zustand vorzufinden ist. Er freute sich tatsächlich und war sogar einige Wochen nach uns dort. Doch viel mehr Sehenswürdigkeiten hatte der Ort für uns nicht zu bieten, weshalb wir weiter fuhren, auf der Suche nach einem neuen Schlafplatz- bestenfalls in der unberührten Natur. Wir wurden fündig. Ein sandiger Pfad führte mitten in den Wald. Ob wir hier entlang fahren durften? Wir hatten keine Ahnung. Doch es war kein gegenteiliges Schild zu sehen, weshalb wir es versuchten. Nun fuhr Kurt zum ersten Mal im Sand. Oder zumindest in etwas Ähnlichem. Vergleichbar war es mit kaum anderen Elementen. Vermutlich am ehesten mit Pulverschnee. Doch Sandro wusste den LKW immer besser zu handhaben und so überwand er auch das sandige Stück, bis wir wieder Schotter unter den Reifen hatten. Der Schotter ging über in Wurzeln, bis wir plötzlich Mitten im Wald waren. Der Wald war einzigartig. Die zarten Sonnenstrahlen kämpften sich durch das Nadeldach und ließen die Grashalme am Boden golden glitzern. Vor uns lag ein großer See. Kein Lüftchen blies. Der See war ruhig wie ein Spiegel. Die Landschaft zeichnete sich ab. Der Boden am Ufer war sandig. Ideal für Ayla, denn nun konnte sie endlich wieder so große Löcher buddeln wie am Meer. Ideal für uns, denn wir wollten unser neues Stand-Up-Paddle ausprobieren. Wir parkten die LKWs und widmeten uns unserer erste Amtshandlung- dem Auspacken des Boards. Danach folgten unsere ersten Versuche. Seitdem haben wir ein neues Hobby, denn wir stellten uns besser an als erwartet. Bis jetzt können wir stolz behaupten, noch keinmal herunter gefallen zu sein. Doch unser Board haben wir erst seit diesem Sommer. Wohin es uns wohl nächstes Jahr begleiten wird? Vielleicht wissen wir das bereits am Ende des Buches.

Doch auch hier durften wir nicht lange bleiben. Diesmal war es nicht die Polizei, sondern die Forest Guards, die uns besuchten. Die Aufseher des

Waldstücks waren sogar bewaffnet, weshalb wir erst einmal ein wenig erschrocken waren. Als Reiseanfänger können Begegnungen dieser Art durchaus einschüchternd sein. Die beiden Männer gaben uns mit ihrer Gestik und Mimik deutlich zu verstehen, dass wir hier nicht erwünscht waren. Ich bekam das alles aber nur am Rande mit, denn ich bereitete mal wieder unser Pfannenbrot vor.

Plötzlich rief Sandro:

„Schatz, komm mal her!"

Die beiden Männer sprachen weder englisch, noch deutsch. Wir konnten uns nur auf polnisch oder russisch verständigen. Polnisch konnte von uns keiner. Aber etwas russisch. Nämlich ich. Ich schluckte kurz. Zum ersten Mal nach sieben Jahren, die mein Abitur nun zurück liegt, musste ich plötzlich russisch sprechen. Es war durchaus ausbaufähig, doch zur Verständigung ausreichend. Den Forest Guard konnten wir aufgrund meiner Russisch-Kenntnisse jedenfalls besänftigen. Die beiden Herren freuten sich sichtlich, dass es noch junge Menschen mit Russisch-Kenntnissen gibt. Leider reichte die Sympathie nicht aus, um unseren schönen Platz zu halten. Sie forderten uns auf, zum nächsten öffentlichen Campingplatz weiter zu ziehen. Diesmal allerdings freundlicher. Wir stimmten dem natürlich zu und so setzten wir unsere letzte gemeinsame Zeit auf einem nahe gelegenen Campingplatz fort. Es war schön. Auch die Abende hier waren gemütlich mit allen Gleichgesinnten um uns herum. Doch es war nicht das Gleiche. Dieses einzigartige Gefühl, wie wir es auf dem Hügel über dem Meer hatten, war nicht mehr da. Wir waren auf der Suche nach der Stille, auf der Suche nach unberührten Orten, fern von kommerziellen touristischen Arealen. Doch unsere Reise neigte sich dem Ende. Etwas wehmütig saßen wir mit Jürgen und Birgit am Feuer und wir ließen die letzten Tage mit ihnen Revue passieren. Wir haben viel erlebt, ohne große Unternehmungen. Zwischen kleinen Hafenstädtchen und der Suche nach Freiheit in der Natur haben wir zwei wunderbare Menschen getroffen. Nicht zu wissen, ob und wann wir sie jemals wiedersehen würden, stimmte uns traurig. Denn noch heute sprechen wir von ihnen. Doch auch der Kontakt blieb bestehen. Sie begleiteten uns einen langen Teil unserer Generalprobe für die Weltreise und die beiden prägten uns. Doch eine Lektion konnten wir von den beiden mitnehmen. Den Mut, das, was wir uns von Herzen wünschen, auch wirklich zu tun. Anhand ihrer Erfahrungen wurden unsere Ziele greifbarer. Wir wissen nun, dass unsere Träume nicht unrealistisch sind, wenn wir den Mut dazu haben, ihnen eine Stimme zu geben. Polen war die Generalprobe für unsere erste längere Reise. Die großen Abenteuer erlebten wir hier nicht. Doch wir begegneten unserem wichtigsten Gefährten: dem Leben. Wir lernten die Voraussetzungen für große Abenteuer kennen, neue Menschen und ein Stück weit auch uns selbst. Wir wissen nicht, wann wir das nächste Mal nach Polen zurück kommen. Doch wir wissen, dass dieses Land unser erstes kleines Abenteuer war und uns auf der Suche nach uns selbst ein großes Stück nach vorn brachte. Hier wurden aus Träumen Pläne. Hier fanden wir unsere Inspiration und hier gewann dieses Buch an Ideen für seine Inhalte. Hier entstand unsere kleine Schatzkiste. Denn was wir nun wissen: Wir sind reicher als wir glaubten.

UNSERE PHILOSOPHIE

Kommen wir zur Message dieses Buches. Viele Menschen fragten uns, warum man mit Ende 20 ein Buch über seine Biographie schreibt. Für uns ist die Frage völlig okay. Ja, es ist nachvollziehbar. Schließlich schreiben in der Regel eher sehr berühmte Persönlichkeiten ihre Lebensgeschichte nieder und das im höheren Alter. Die kennt ja auch jeder. Deren Werdegang ist interessant. Oder man denkt an einen Menschen um die 70 Jahre, der nur so vor Lebenserfahrung strotzt. Doch was gibt uns in unserem Alter die Motivation, unsere kurze Biographie niederzuschreiben? Wir werden es dir sagen. Das Leben selbst. Im Prolog bereits vertraten wir unsere Meinung konsequent, dass es jede Geschichte wert ist, erzählt zu werden. Jedes Schriftstück auf dieser Welt trägt zur Horizonterweiterung bei. Jede neue Information erweitert unser Bild von der Welt. Nun hast du die Geschichte von uns beiden Spinnern gelesen und vielleicht fasziniert es dich, was wir tun. Oder du hältst uns für genauso verrückt wie viele Menschen in unserem Wohnort. Es bleibt dir überlassen. Doch was wir besonders vermitteln wollen, ist positive Energie. Was wir tun, haben wir hier in unseren ersten kleinen Lebenswerk niedergeschrieben. Wie wir zu den Menschen geworden sind, deren Buch du gerade liest, weißt du nun zu großen Teilen. Wir legten viel offen. Dazu gehört eine Menge Mut. Doch es ist uns wichtig, genau diesen Mut aufzubringen, um authentisch zu bleiben. Wie du anhand unserer Biographie bereits lesen konntest, war unser Leben alles, nur nicht linear. Unsere Leben glichen bisher wohl eher einer Sinuskurve- geprägt von vielen Höhen und Tiefen. Deins auch? Und wir glauben, nein, wir sind sogar davon überzeugt, dass auf dieser Welt mehr Kurven als Geraden existieren. Schau dir all die Menschen um dich herum an, die du bisher näher kennen lernen durftest. Waren sie alle glücklich? War ihr Leben makellos? Nein, wir lassen uns nur zu gern blenden von Masken der Gesellschaft. Eine harmonische Familie sieht nach außen hin nun mal schöner aus als Reibereien. Die negativen Seiten des Lebens werden hinter verschlossenen Türen bewältigt und kaum einer bemerkt es. Hauptsache, wir wahren den Schein. Doch um genau dieser Entwicklung entgegenzuwirken, sind wir schonungslos ehrlich- auch dir gegenüber, wenn du dieses Buch liest. Authentisch das Leben wiederzugeben und auf diese Weise zu motivieren- das ist unser Anspruch.

Motivation ist immer so leicht daher gesagt. Wie motiviert man Menschen? Mit ein paar Modulen in Psychologie während eines Studiums ist es noch längst nicht getan. Wir möchten ein kleines Experiment mit dir starten. Schließe die Augen und denke zurück an dein bisheriges Leben. Worauf bist du am meisten stolz? Nun gibt es sicher diejenigen unter uns, deren Selbstbewusstsein nur sehr wenig ausgeprägt ist. Diejenigen, die nun überlegen und glauben, es gäbe nichts, worauf sie besonders stolz sind. Deswegen fragen wir anders. Was hast du bereits geschafft, was dir völlig unmöglich vorkam? Spätestens jetzt dürfte den meisten etwas einfallen. Auch für uns waren viele Träume schon immer präsent und doch viel zu weit entfernt, um wahr zu werden. Irgendwann mal die Welt bereisen. Das wünscht sich jeder, doch scheitert es häufig an der Umsetzung. Noch haben wir die Welt nicht bereist. Doch der Traum bekommt plötzlich ein Gesicht. Aus Träumen werden Pläne. Wie viele Träume bleiben unverändert? Wie viel bedeutet dir dein Traum? Wir lernten besonders in den letzten Monaten, dass zu Träumen Mut gehört. Nicht zu verwechseln mit Naivität. Mut ist eine Tugend, Naivität eher infantil. In jedem von uns steckt ein Träumer. Es gibt nichts, das uns so ewig erhalten bleibt wie unsere Fantasie. Ein Buch zu schreiben ist nicht nur ein wahr gewordener Traum, sondern ein kleines Lebenswerk. Ein Kunstwerk, das wir ohne den nötigen Mut nie umgesetzt hätten. Wie oft dachten wir darüber nach, begannen ein paar Seiten zu schreiben und legten nach den ersten paar Stunden den Laptop zur Seite, weil die Hürde viel zu groß erschien. Doch wie sollen Hürden überwunden werden, ohne sie sich genauer anzuschauen?

Hier begann unsere erste Lektion. Sich mit den bevorstehenden Hindernissen auseinanderzusetzen. Welche Voraussetzungen braucht es, um die Barrieren eines Traums zu überwinden? Sind diese realistisch überwindbar? Und meist sieht die Hürde gar nicht mehr so riesig aus, wenn man sie studiert und versteht, woraus sie sich zusammen setzt. Wir kennen unsere. Die Hürden eines eigenen Buches konnten wir überwinden und somit die Basis schaffen, um die nächste zu unserem nächsten großen Ziel geradewegs auf uns zu nehmen. Was wollen wir dir damit sagen? Träumen kann ein Gesicht verliehen werden, wenn wir den Mut dazu haben, unsere Hürden auf diesem Weg zu verstehen. Aus jedem Traum kann ein Ziel werden.

Doch was braucht es als Paar, um sich gemeinsam einen Traum zu verwirklichen? Zusammenhalt und Kompromissfähigkeit. Pläne zu ändern, anzupassen, ohne tatsächlich Abstriche zu machen. Wir konnten die Barrieren, die uns einzeln von unseren Träumen trennten, bisher sehr gut auf einen gemeinsamen Nenner bringen, da wir uns ergänzen. Wir konnten voneinander lernen. Den inneren Gutmensch auch mal zurückzuschrauben und für die eigenen Interessen einstehen, während der Gegenpart Nachsicht mit den Mitmenschen lehrte. Somit konnten wir die Ressourcen des Anderen auch ein Stück weit in unsere eigenen Gedanken übernehmen. Doch auch während der Entstehung dieses Buches stießen wir auf einige besondere Herausforderungen. Zwischen kreativem Genie, das gern abschweift und am Ende die besten Zeilen hervor bringt und glühendem Kopf, der auch mal konsequent acht Seiten in einer Stunde schreibt, bewegen wir uns zwischen zwei Polen hin und her. Was wir damit meinen? Nehmen wir zunächst den Pol Sandro. Sandro fällt es sehr schwer, diszipliniert über einen längeren Zeitraum Dinge zu verfolgen, da er mehr Pausen braucht, um nicht immer wieder abzuschweifen. Doch wenn er sich mit etwas intensiv auseinandersetzt, benötigt er absolute Ruhe, gepaart mit so wenigen Geräuschen wie möglich. Ansprechen sollte man ihn nicht, wenn er gerade völlig fokussiert auf eine Tätigkeit ist. Und so kam es, dass er die meiste Zeit während des Schreibens der Buchkapitel mit Ohrenstöpseln am Schreibtisch saß, um sein Umfeld völlig auszublenden. Was war das Resultat? Sandro braucht lang, um seine komplexen Gedanken in Worte zu fassen. Doch hat er dies einmal geschafft, flammt sein kleines Genie in seinen hellsten Farben auf. Das, was er schreibt, berührt. Er kann in wenigen Zeilen mitteilen, wofür Andere ganze Seiten brauchen würden. Und dann gibt es da noch das Gegenstück namens Linda, die lange braucht, um einen Anfang zu finden. Doch ist dieser einmal überwunden, fällt es ihr leicht, langatmig Dinge durchzuhalten. Sie schafft es auch, den Fokus nicht zu verlieren, wenn das Leben uns hin und wieder ablenkt. Ist sie einmal Feuer und Flamme, erlischt das Feuer nie vollständig, sondern bleibt immer weiter bestehen und flammt in den entscheidendsten Momenten in seiner Höchstform auf. Du merkst es vermutlich selbst. In dieser Partnerschaft baut vieles auf magnetischen Prinzipien auf. In so kurzer Zeit ein Buch zu schreiben, dessen Seiten nicht nur mit Worten, sondern mit Inhalt gefüllt sind, konnte nur gelingen, indem zwei Pole aufeinander trafen und ihre Ressourcen miteinander vereinten. Einer von uns denkt um die Ecke, während der Andere geradeaus schaut. Durch Zusammenhalt konnte dieses Buch entstehen. Wir lernten während des Schreibens auch einander besser kennen, was uns noch enger miteinander verband. Wir kennen die Stärken und Schwächen unseres Gegenübers. Und da wir einander ergänzen, können wir füreinander einschreiten, wenn einer von uns gerade auf dem Weg zu unseren Träumen kurz durchatmen muss, ohne stehen zu bleiben. Je besser man sich aufeinander einspielt, umso mehr wird es gelingen, Ressourcen zu mobilisieren. Doch dieser Prozess wird nie enden. Es ist wie der Kennenlernprozess in einer Partnerschaft. Nie werden wir über unseren Partner auslernen. Wir sind in vielen Punkten verschieden und mittlerweile sehr froh darüber. Vermutlich wären wir nie in so kurzer Zeit so weit gekommen, wären wir völlig gleich.

Blicken wir zurück auf unsere Entwicklung. Sie ist rasant. Manchmal so schnell, dass wir kaum realisieren, was gerade passiert.

Doch schlüsseln wir das Ganze etwas detaillierter auf. Wie findet man zum Camping? Was macht dieses Lebensmodell aus? Es passt nicht zum dazu gewonnenen Luxus der Industrieländer, plötzlich in freier Natur die Wäsche in einer Kunststoffbox zu waschen, mit nackten Füßen als Wäscheschleuder. Camping bedeutet vor allem eins: Verzicht. Klingt negativ, ist es aber nicht. Verzicht bedeutet Freiheit. Das Gefühl ist vergleichbar mit dem Aussortieren des Kleiderschranks. Keiner macht es gern. Es bedeutet, die Komfortzone verlassen zu müssen. Man tut etwas, das man nicht gern tut. Die Logik und Experten sagen uns, was wir ein Jahr nicht mehr anhatten, werden wir mit hoher Wahrscheinlichkeit auch nicht mehr tragen und doch hebt man es auf. Getreu dem Motto: „Oh, das habe ich ja auch noch. Könnte ich auch mal wieder anziehen." Tun wir es am Ende? Nein. Doch wir sind noch nicht bereit uns zu trennen. Wir sind noch nicht bereit für den Verzicht. Doch ist der Punkt überwunden und die Kleidung wurde entsorgt, bleibt ein zufrieden stellendes Gefühl der Ordnung. Plötzlich ist da wieder mehr Platz, um neue Kleidung einzusortieren, die uns vielleicht besser gefällt. Schau dir alte Fotos von dir an. Am besten aus jedem Jahr eins und du wirst feststellen, dass wir in keinem Jahr gleich aussehen. Etwas ändert sich immer. Sei es die Kleidung, die Frisur oder der Gesichtsausdruck. Unser Gesicht bleibt der Spiegel des Lebens. Zufriedenheit verschönert Menschen. Camping lehrte uns, dass Verzicht neue Türen öffnet. Ähnlich wie bei einem aussortierten Kleiderschrank ist der Mensch dazu geneigt, den Verzicht schneller wahrzunehmen als den Gewinn. Wie soll es auch sonst sein? Der prall gefüllte Sack an Kleidung, der nun das Haus verlassen wird, ist deutlich offensichtlicher vorhanden als der Raum für potenziell neue Dinge. Man kann ihn sehen. Vergangenheit ist eine messbare, klar nachvollziehbare Komponente. Die Zukunft nicht. Verzicht verhalf uns dazu, einander, aber auch uns selbst neu zu erleben und besser kennenzulernen. Nun würden tief verwurzelte Camper sagen, dass unsere Art von Camping nun doch sehr luxuriös ist. Ist sie auch. Doch im Gegensatz zu der Mehrheit möchten wir nicht nur unseren Urlaub, sondern mehrere Jahre unseres Lebens auf diese Art und Weise verbringen. Über mehrere Jahre so zu leben, bedeutet Verzicht. Die Kunststoffbox haben wir bereits angedeutet. Was gehört noch dazu? Der Luxus einer Badewanne. Du kennst unseren Badewannen-Gag aus dem Klappentext und so ist auch die Wellnessausstattung in einem LKW eher sporadisch. Eine Dusche besitzen wir. Doch das Wasser ist begrenzt. Endlos lange warme Duschen sind nicht drin und auch der Platz in den Schränken ist begrenzt, sodass Kleidung nach Witterungsbedingungen statt nach Äußerlichkeiten ausgewählt werden muss. Wir lernten praktisch zu denken. Wir übten uns in Verzicht und oft bekamen wir die Frage gestellt: „Geht ihr einander nicht auf den Geist, wenn ihr auf gerade mal acht Quadratmetern zusammen lebt?“.

Die Antwort ist nicht sonderlich überraschend. Ja, auch wir gehen einander auf den Geist gelegentlich. Die Entscheidung, auf engstem Raum zusammen zu leben, bedeutet Verzicht auf Freiräume. Doch warum ist dieser Verzicht eine Chance? Wir leben in einer Gesellschaft, die immer egozentrischer wird und dem Einzelnen vermittelt, immer in erster Linie an sich selbst zu denken. Nicht, dass dies verwerflich ist, doch wir beobachten immer wieder, dass die Qualität einer Partnerschaft daran gemessen wird, wie viele Freiräume beide Parteien einander einräumen können. Doch sagt die Gestaltung der gemeinsamen Zeit nicht viel mehr über die Qualität einer Partnerschaft aus? Indem wir nicht über das Privileg verfügen, einander in dem Maße aus dem Weg gehen zu können während des Campings wie in der Zivilisation, eröffnet uns völlig neue Türen. Wir bewegen uns auf engstem Raum, weshalb wir keine andere Wahl haben als aufeinander einzugehen. Man wird gewillter, Konflikte zu lösen, man verlässt die Komfortzone. Wenn man sich nicht aus dem Weg gehen kann und sich in unbekannten Situationen für beide unterwegs aufeinander verlassen muss, wird der Wunsch nach Lösungen meist größer als nach Flucht. Wir lernen viel über uns selbst und wir lernen viel übereinander. Die ständigen Möglichkeiten des Freiraums nicht mehr zur Verfügung zu haben, gibt uns die Freiheit, die Qualität unserer gemeinsamen Zeit aufzuwiegen. Lebt man auf so engem Raum zusammen, steigt der Wunsch nach Harmonie immer weiter. Der Wunsch nach einer Konstante und einem Menschen, auf den man sich in Gefahrensituationen verlassen kann. Zu zweit von nichts außer der Natur umgeben zu sein machte uns gelassener. Wir fingen an, mehr Toleranz für die Schwächen unseres Gegenübers aufzubringen. Doch kam es dazu, dass uns etwas missfiel, überlegten wir mehr denn je, ob die Thematik es wert ist, einen Konflikt auszulösen oder ob es auch andere Lösungen gibt. Weniger Freiraum muss nicht erdrücken. Er kann aus alten Hamsterrädern befreien und die Partnerschaftsqualität bessern, wenn das Bewusstsein sich neuen Türen öffnet.

Verzicht erweiterte in vielen Lebensbereichen unseren Horizont. Wir setzten uns mit unseren alltäglichen Gebrauchsgegenständen auseinander und stellten fest, dass wir so viele Dinge nicht benötigen, wenn sie nicht verfügbar sind. Wir benutzten über Wochen keinen Föhn, wuschen unsere Haare im Meer und aßen fast täglich unser Lieblings-Pfannenbrot in sämtlichen Variationen. Doch weniger glücklich waren wir nicht, im Gegenteil.

Camping bedeutet, über seine eigenen Grenzen hinauszugehen, sich selbst neu kennen zu lernen, indem man die eigene Komfortzone immer wieder verlässt. Und dann gibt es da noch die Reise und das Ziel. Wir steuern nicht mehr auf ein konkretes Ziel zu. Unsere Reise an sich ist unser Ziel.

Wir bewegen uns im Hier und Jetzt, ziehen weiter, wann es uns beliebt, bleiben stehen, wo wir uns am wohlsten fühlen und erreichen das Höchstmaß an Freiheit.

Was erhoffen wir uns für die Zukunft? Vermutlich dachtest du zunächst, du hättest einen Reisebericht über Afrika in der Hand, als du auf unser Buchcover gestoßen bist. Naja, so ähnlich. Es ist ein Ausblick auf unser großes Ziel. Wir kamen zurück aus Polen und verfielen in den klassischen Urlaubsblues. Doch diesmal war es anders. Da gab es diesen einen Gedanken, der immer wieder aufflammte. Wenn uns unser Leben in vier Wochen auf Reisen besser gefiel als zu Hause, sollte es nicht unser Anspruch sein, genau dieses Leben weiterzuführen? Der Spruch, sich zum Ziel zu setzen, ein Leben zu führen, von dem man sich nicht im Urlaub erholen muss, ist vielleicht etwas veraltet und ausgelutscht und doch prägend in unserer Philosophie. Wir möchten allerdings das Reisen und Urlaub klar voneinander abgrenzen. Ein Urlaub bedeutet den Fokus auf Erholung zu legen, während Reisen sich durch das Erstreben nach neuen Erfahrungen auszeichnet. In Polen waren wir auf Reisen. Erholung war ein positiver Nebeneffekt, doch der Anteil an neuen Erfahrungen war deutlich höher. Wir lebten dieses Gefühl, das uns über vier Wochen begleitete, kamen zurück und schliefen wochenlang im LKW auf dem Hof vor unserer Haustür. Es klingt seltsam, doch wir fühlten uns in unserer Wohnung plötzlich nicht mehr wohl.

Ihre Größe brachte gleichzeitig eine gewisse Leere mit, obwohl unsere Einrichtung nicht gerade spärlich ist. Unser Kurt fühlte sich wie ein Zuhause an, während unsere Wohnung uns mehrere Wochen völlig fremd vorkam. Dann war da dieser Anspruch, unser Lebensgefühl auf Reisen im LKW auf lange Sicht aufrecht erhalten zu wollen und dann bekam eine bloße Idee ein Gesicht. Wir wussten bereits früh durch viele Gespräche, dass uns Afrika besonders hinsichtlich seiner Landschaft anspricht. Und wenn wir ehrlich sind, ist dieser Kontinent für jeden Tierfotografen ein Muss. So auch für Sandro. Die Weite der Steppen, große Teile unberührter Natur- das ist es, was aus Sandros Traum einen gemeinsamen werden ließ. Doch auch die Kultur in einzelnen Staaten, ein Leben fernab vom europäischen Luxus ist eine Grenzerfahrung, die wir uns nicht entgehen lassen wollen. Wir sind süchtig. Süchtig nach Leben, Erfahrungen, Grenzen und deren Überschreitung. Wir sind süchtig nach Horizonterweiterung.

Doch wie bereiten wir uns darauf vor? Den ersten Schritt zur Vorbereitung hast du gerade in der Hand. Es ist unser erstes kleines Lebenswerk. Wir möchten, dass du uns kennenlernst, bevor du unseren ersten Reisebericht liest. Wer sind die Menschen, die gerade in ferne Länder reisen? Zu wissen, wie steinig solche Wege beginnen, gab uns den Mut, unsere geheimen Sehnsüchte nicht als infantile Träumereien für immer in einer Schublade unseres Hirns verstaubenzu lassen. Jetzt sind wir fast am Ende unseres ersten Buchs. Es ist der erste Band von hoffentlich noch vielen weiteren. Schreiben ist eine Form der Therapie. Du bist dazu angehalten, dich mit dir selbst auseinanderzusetzen. Somit war dieses Buch der erste große Schritt in Richtung einer Fernreise. Wir lernten uns selbst besser kennen und lernten die Schwächen des Anderen mit unseren eigenen Stärken zu verbinden. Wir mussten lernen, uns selbst zu reflektieren. Sind wir für so eine lange Reise schon bereit? Welche Eigenschaften müssen wir mitbringen, um unsere Reise bestreiten zu können? Während dieser Entwicklung bemerkten wir immer wieder, wie sich unser Geist immer weiter auf ein neues Lebensmodell einstellt. Wir sind immer noch dieselben und doch so anders als zuvor.

Die praktisch Veranlagten unter uns würden sich nun fragen, was wir konkret tun, um uns darauf vorzubereiten. Die mentale Vorbereitung auf einen solch großen Schritt wird gern unterschätzt. Doch natürlich gehören auch praktische Vorbereitungsschritte dazu. Unsere bestanden darin, uns auf einen genauen Zeitpunkt festzulegen, wann wir spätestens unsere Reise antreten möchten. Wir setzten uns als Zeitfenster maximal drei Jahre der Vorbereitung. Es gehört ein gewisses finanzielles Polster dazu. Somit berechneten wir unser genaues Budget, was wir einplanen müssen, um leben und unser fahrendes Zuhause unterwegs unterhalten zu können. Unser nächster Schritt bestand darin, uns ein Netzwerk aufzubauen. Wir sprachen mit Menschen, die bereits durch Afrika reisen durften. Wir brachten in Erfahrung, worauf wir achten müssen, denn ganz gleich, welches Land wir bereisen, uns ist es wichtig zu wissen, welche Mentalität uns erwartet. Wir möchten als Gäste den Einwohnern den Respekt entgegen bringen, ihre Kultur zu schätzen und uns vollumfänglich auf sie einzulassen, ohne aus Versehen unangemessen auf gewisse Gegebenheiten zu reagieren. Danach dachten wir darüber nach, wie wir uns reduzieren können, wenn wir tatsächlich unser bürgerliches Leben in Deutschland eine längere Zeit hinter uns lassen werden. Und nun sind wir beim Status Quo.

Als wir dieses Buch begannen zu schreiben, befanden wir uns gerade mitten im Alltagsblues. Wir waren zurück aus Polen. Eine Idee stand fest, doch wie das Ganze konkret aussehen sollte, wussten wir nicht. Linda wartete gerade auf das Ergebnis ihrer Bachelorarbeit und deren Verteidigung, während Sandro über Stunden recherchierte, wie man ein Buch schreibt und verlegt. Ein System der Kapitel ergab sich im Schreibfluss selbst, sodass die Reihenfolge der Inhalte ab einem gewissen Punkt von allein Sinn ergab und so führte uns ein Thema zum Anderen. Die Ereignisse überschlugen sich zunehmend. Es folgte der erste Pressetermin zu unserem Vorhaben, Linda verteidigte ihre Bachelorarbeit mit Erfolg und konnte nun ihre Stelle als Sozialpädagogin antreten.

Das waren die beruflichen Veränderungen, die in der kurzen Zeit parallel zu der Entstehung dieses Buches stattfanden. Doch wie erging es uns privat? Mit dem ersten Zeitungsartikel über uns gewannen wir die Aufmerksamkeit vieler Menschen in unserer Region. Besonders in unserem Wohnort teilte sich die Meinung über uns in zwei Kategorien. Es gab Menschen, die auf Volksfesten auf uns zukamen, interessiert Fragen stellten und sich freuten, dass wir etwas tun, wozu den meisten der Mut fehlen würde. Und dann gab es Menschen, die uns nachsagten, nun völlig größenwahnsinnig zu werden und den Bezug zur Realität verloren zu haben. Als wir wenige Wochen, bevor dieses Buch in den Druck ging, dieses Thema bei Tino in unserer Lieblingsbar anschnitten, gab er uns etwas mit auf den Weg, das wir nie vergessen werden. Er sagte zu uns: „Das kenne ich.“. Eine Antwort, mit der wir nicht gerechnet haben und er erzählte uns, wie viele Menschen ihn für verrückt hielten, sich seinen Traum zu erfüllen, eine Bar mit Tanzlokal zu besitzen. Er erzählte uns, wie aussichtslos die Situation manchmal erschien und wir fragten ihn, warum er und seine Frau nie aufgegeben haben. Die Antwort war simpel, doch prägend für uns: „Ganz einfach- weil es unser Traum war!“. Wir wussten, dass er recht hatte. Wir wussten immer, das Träume dazu da sind, um Pläne zu werden. Alles begann in Tinos und Anetts Tanzsaal hinter der Bar und nun sitzen wir hier- wir schreiben die letzten Seiten unseres Buches und brechen im Anschluss in unsere Lieblingskneipe auf mit der Gewissheit, gerade unser Buch fertig gestellt zu haben. Das Leben ist verrückt, genauso wie wir. Doch ist es nicht dazu da, um als Gast auf der Erde genau diese zu erkunden?

Für uns ist dies die Erfüllung und wir freuen uns auf eine abenteuerliche Reise an Orte, wo wir nie zuvor waren in unserem fahrenden Zuhause mit unserem Border Collie im Gepäck.

EPILOG

Als Fremder das Buch aufschlagen, in eine Geschichte eintauchen und als Bekannter das Buch schließen- so lautete unsere Intention für dich. Wir sind nun am Ende und nun sollten wir eigentlich ein paar treffende Schlusszeilen schreiben. Vielleicht sollten wir aber auch einfach ein paar Outtakes geben, wie man es aus Videos kennt.

Ist vielleicht interessanter als die üblichen letzten Zeilen. Wir könnten als Outtake auch einfach unser Rezept für dieses Buch verraten. Man nehme einen extrovertierten und einen introvertierten Menschen und lässt die beiden ein Paar werden. Danach setzt man beide für mehrere Stunden in einen LKW und lässt sie über das Leben philosophieren, bis sie den Entschluss fassen, eine Fernreise nach Afrika zu machen. Nun hat man die Basis eines gelingenden Rezepts, bis die beiden auf die Idee kommen, ein Buch zu schreiben. Das macht das Ganze wiederum etwas komplizierter, denn einer von beiden hat die besten Ideen und der Andere kann länger an einer Sache dran bleiben. Also muss man versuchen, diese beiden Zutaten miteinander auszugleichen, sodass gleich viel zum Rezept hinzu gegeben wird. Um dieses Gleichgewicht auch kontinuierlich aufrecht erhalten zu können, bedarf es mehrerer Tiefkühlpizzen, etwa 20 Liter Rum und einer Tonne Cola. Die eine oder andere Tafel

Schokolade gepaart mit vielen tiefgründigen Gesprächen zur Inspiration ist aber auch keine schlechte Idee.

Und voilà- fertig ist ein Buch vor der Weltreise. Nach der Weltreise können wir noch keins schreiben, denn wir müssen ja erst mal losfahren. Doch bevor wir losfahren, kennst du uns wenigstens schon und liest dir nicht von fremden Menschen ein Buch durch. Das ist uns wichtig. Viele sagen, wir hätten uns verändert und das haben wir auch. Eine gemeinsame Zukunftsvision verändert ein Paar und jeden davon für sich. Naja, nicht ganz. Während Linda wohl zeitlebens im Schlafanzug morgens mit Ayla die erste Gassirunde dreht (der Nachbar freut sich), wird Sandro wohl auch in unserem LKW inmitten der Savanne seine Barthaare im Waschbecken liegen lassen. In uns selbst passierte viel und aktuell macht sich ein wohliges Gefühl von Aufbruch breit — ein Aufbruch in das Abenteuer, das wir uns wirklich wünschen. Und doch bleiben wir immer dieselben. Vielleicht ein bisschen glücklicher als vorher, wenn wir unserem großen Traum jeden Tag ein Stück näher kommen. Und ja, vielleicht hat „Der König der Löwen" in der Kindheit auch ein wenig seine Spuren in Form von Inspiration hinterlassen.

Doch es gibt sicherlich auch schlimmere Mottos als „Hakuna Matata!". In diesem Sinne fragen wir dich: „Hast du dich gefühlt, als würdest du mit uns am Lagerfeuer sitzen, nur ohne Knistern im Hintergrund?".

DANKSAGUNG

Und nun bedanken wir uns herzlich bei allen, die zur Entstehung dieses Buches maßgeblich beigetragen haben.

Wir danken unseren Freunden und unserer Familie, die uns mit Rat und Tat zur Seite standen.

Wir danken all den lieben Menschen, die wir auf unserer Reise bis hierhin getroffen haben, die uns zu diesem Buch inspirierten, motivierten und bestärkten. Dazu gehören: Joana und Joshua, Jessica und Marcel, Birgit und Jürgen, Anja und das gesamte Team des Weltblicke-Festivals mit seinen Referenten.

Unser besonderer Dank gilt auch Anett und Tino, die uns während der Entstehung des Buches mit tiefen Gesprächen bei ausreichend Hopfenwasser und Wein in einen erholsamen Schlaf wogen.

Doch nun kommen wir zu den beiden Menschen, die im Hintergrund gearbeitet haben: Sina und Natalie. Die beiden haben unsere kleinen Fehlerteufel aus diesem Buch verbannt und uns als Probeleser immer wieder wertvolle Ratschläge gegeben.

VIELEN DANK!

BIS ZUM NÄCHSTEN MAL

IMPRESSUM

Verlag (asvalentins Verlag)
Alessandro Valentin Schulze
Auerbacher Straße 103
08248, Klingenthal

Druck
Verlagsdruckerei Schmidt GmbH
Neustadt an der Aisch

ISBN
978-3-00-073766-4

Website:	www.asvalentins.de
Social Media:	@asvalentins
Email:	info@asvalentins.de
Feedback:	buch@asvalentins.de

Polnische Ostsee, Sommer 2022

Die Autoren